BLAS HERNÁNDEZ Y LA REVOLUCIÓN DE 1933

La campaña en los campos de Cuba

COLECCIÓN CUBA Y SUS JUECES

EDICIONES UNIVERSAL, Miami, Florida, 1994

ÁNGEL APARICIO LAURENCIO

BLAS HERNÁNDEZ
Y LA REVOLUCIÓN DE 1933
La campaña en los campos de Cuba

Edición y prólogo a cargo de
Jorge Hernández Martín

Primera edición, 1994

EDICIONES UNIVERSAL
P.O. Box 450353 (Shenandoah Station)
Miami, FL 33245-0353. USA
Tel: (305)642-3234   Fax: (305)642-7978

Library of Congress Catalog Card No.: 93-73414

I.S.B.N.: 0-89729-706-7

Dibujo de la cubierta anterior por Viredo Espinosa

Foto del autor, Angel Aparicio, en la cubierta posterior

¿Quién ignora que la primera ley de la Historia es que el historiador no diga nada falso, que no se oculte nada verdadero, que no haya sospecha de pasión ni de aborrecimiento?

Cicerón, *Diálogos*

Un historiador no sólo debe dejar a la posteridad lo que puede difamar y desacreditar un personaje, sino lo que puede darle honor; pues no miente menos un historiador por dejar de contar lo que ha pasado.

Polibio, *Historia universal*

Don Lico: ¿Quién anda por ahí?
Guardia: **(desde afuera)** La Guardia Rural.
Don Lico: Adelante. ¿Qué desean?
Alejo: **(A Don Lico, sin que le oigan los que llegan)** Lico, fíjate...que hay mucho bandío con el uniforme ese.

Marcelo Salinas, *Alma guajira*

El coronel Juan Blas Hernández, alzado en armas contra el régimen del general Gerardo Machado y Morales en 1931. (Archivo de Mario Hernández)

LA REBELIÓN DEL PAISAJE:
Revolucionarios e historiadores

Cuba es La Habana, el
resto es paisaje.[1]

El estudioso que cuestiona independientemente un período del pasado es ya raro de encontrar. Ángel Aparicio Laurencio fue ese tipo de estudioso. Doctor en leyes, asesor técnico del Ministerio Revolucionario de Leyes en 1959, delegado del Consejo Revolucionario a Chile y Brazil, fue también profesor de literatura en la Universidad de Redlands hasta su muerte en 1990. Aparicio Laurencio escribió historia guiado por una polémica inteligencia que se enfrenta a los errores, inexactitudes, falsedades, y mentiras que encuentra en su lectura y los cuestiona profunda y apasionadamente. A diferencia de historiadores que escriben historia para organizaciones o instituciones que buscan en el historiador la validación de su existencia, Aparicio Laurencio no se atiene a la línea ideológica de un partido, ni escribe para las ambiciones de los líderes, ni para los prejuicios de un pueblo.

De los vencidos es el silencio. El historiador debe negarle el control del pasado a los que rigen el presente y hablar por los desfavorecidos de la historia, por los que no sobrevivieron para contar su versión de los hechos. Simone Weil, quien escribió en un momento difícil de la historia moderna europea, dijo que la historia es la deposición que los asesinos escriben sobre sí mismos y sus víctimas. En *Blas Hernández y la Revolución de 1933*, Ángel Aparicio Laurencio cumple con la labor histórica de dar voz a lo silenciado con el recuento de la participación de Blas Hernández en la gesta revolucionaria de la temprana república, que se dio en llamar la época del Machadato. Las conveniencias del presente (de entonces y de hoy), y las revisiones que éstas causan en la historia, han hecho de este período una enrevesada madeja de acciones, intenciones y subterfugios escasamente evaluada

---

[1] Frase de un Ministro de Educación en Cuba. Citado en *Cuba 1933* de Luis Aguilar León.

11

por los historiadores. Las omisiones e injusticias a los hechos históricos abundan, como nos indica Aparicio Laurencio, aún en los más destacados esfuerzos de representación histórica que conciernen la época. Es consciente de esta situación que nuestro historiador lanza su reto a los escritores de la historia de Cuba, partiendo de una firme creencia en la realidad del pasado.

Las realidades del pasado quizá sean menos importante que las formas en que éstas se comprendan. El historiador debe indicar no sólo la falsedad, sino también el hecho que está detrás de la mentira. La investigación histórica se trata de cuestionar la relevancia del testimonio, de interrogar a los testigos, si algunos hay, de probar la evidencia, y determinar la verdad del asunto. La semejanza con el método policial es ineludible, y los resultados aún menos fiables. El investigador de la historia sabe que la línea de demarcación entre el hecho histórico y las creencias y deseos que lo motivan son tenues y que los mitos pueden hacerse realidad. Añadamos a esta situación inestable el factor dinámico de las luchas sectarias por el poder en la sociedad y la existencia de facciones en conflicto que buscan la justificacion de sus acciones en el tejido social, y nos encontramos cara a cara con la pregunta, ¿podemos creer en nuestra historia?

Esta pregunta nace del desengaño, y es de aquí, en nuestra opinión, de donde escribe Ángel Aparicio Laurencio. En el recuento de la historia de Cuba él ve reinar la ligereza, la mala fe, la trituración intencionada de los hechos, las rivalidades. En una disciplina que no presupone una sujeción demostrativa total, Laurencio representa al crítico en el mejor sentido de la palabra, porque su obra antepone el amor por la verdad de los hechos a la confección interesada de los mismos. En su polémica con los historiadores, Ángel Aparicio indica cómo el historiador deshonesto ejerce su poder desacreditando a una u otra figura por medio de una cita fuera de contexto, por alarmantes omisiones y olvidos, por medio de la mentira. En la obra de Ángel Aparicio Laurencio resalta el hecho que la pulcritud histórica es una imposición voluntaria de unas reglas en la práctica del historiador. Las reglas que el historiador impone sobre su obra son lo que le permiten llegar a una opinión verdadera y relevante sobre el pasado y el presente. De ello se deriva que del encierro voluntario dentro de los parámetros de la buena fe que se impone el escritor de historias es que se posibilitan las sociedades libres, basadas en la libre circulación de informes que promulgan sus relativas verdades en el mercado de las ideas.

Laurencio lee, compara y contrasta los reportes históricos y luego pone sus hallazgos a la vista de su lector, acompañados de preguntas que apuntan a las inconsistencias y rayan con la indignación. El cuestionamiento de nuestra propia historia representa la supervivencia futura de la nación. En términos prácticos, que la historia sea una construcción de la realidad se puede inferir de la inversión de capital y esfuerzo que hacen los regímenes totalitarios para controlar el presente por medio de la destrucción de un cuerpo de información histórica del pasado, que se reemplaza por otro compuesto de información falsa, contra la cual no es posible alegar porque el poder para hacer esa determinación está fuera de las manos del ciudadano y yace con el Estado. Es decir, que la supervivencia de la institución represiva depende de la diseminación de la nueva información y de la habilidad con que el aparato de desinformación logra imponer su versión de los hechos. El éxito del proyecto totalitario se logra en la medida en que el individuo en sociedad comparte en la complicidad de perpetuar las acciones institucionales o en disimular sus fracasos. La figura que mediatiza el proceso es el historiador. Todo un aparato represivo se establece para disuadir al individuo crítico de su postura crítica y hacer de él o ella un *critículo* o *criticastro* al servicio de la visión totalitaria.

Los tiranos y torturadores no podrán esconder sus tragicómicos desatinos detrás de las pantomimas de sus saltimbanquis, escribió el emigrado escritor ruso Vladimir Nabokov. Afirmar que Martí se solidariza con la lucha antiimperialista de Viet Nam del Norte porque dedicó unas páginas a los anamitas en *La edad de oro* es un ejercicio en futilidad. Sin embargo, se ha intentado. Se ha publicado un ensayo al efecto. Se ha distribuido. Martí ha sido propuesto como el padre intelectual de la Revolución de 1959. La Cuba que soñó Martí sólo coincide con el delirio de Castro en los detalles existentes hoy en Cuba que un individuo de este siglo no puede más que considerar como miseria, pero que Martí, hombre del siglo diecinueve, habría incluido en su visión de la patria al no pecar su sueño de anacronismo ni caer su imaginación en la ciencia ficción: en los carretones tirados por animales de carga que reemplazan vehículos motorizados, en las casas iluminadas por velas de cera cruda a causa de la falta de bombillas o corriente eléctrica, en la figura del aguador que camina con latones de agua balanceados en sus hombros por una pértiga a causa de la falta de agua corriente, en la proliferación de la bicicleta para el desplazamiento de los ciudadanos.

En Cuba, hoy no existe el arte del análisis histórico contestario. No existe el arte de la biografía de complejo perfil. Sólo existe el discurso politizado de la Revolución en el poder, que es el sueño de su perpetuidad, la perpetuidad de la pauperización. En este sueño, que vaticina un paraíso para los creyentes, el soñador anuncia el Plan de la Miseria, que consiste en el recrudecimiento de las escaceces imperantes. Al final de un término de cinco años, el Artista de la Miseria, quien es también el soñador, pinta el cuadro de una Habana capaz de alimentarse ella misma a base de parcelas de tierra repartidas por el gobierno, donde cada ciudadano encuentra ante su hogar la carne, el arroz, y los alimentos que necesite.

En 1959, Ruby Hart Phillips publicó un libro, *Cuba, isla de paradojas*, en el que comentaba las peripecias de la vida política de la república en ese momento de su historia. Las paradojas de la isla de Cuba de hoy empequeñece las memorias de Phillips. La Cuba de hoy es un país donde no hay desempleo, pero nadie trabaja. Nadie trabaja, pero todos los planes se llevan a cabo. Se alcanzan las metas, pero no hay nada en las tiendas. No hay nada en las tiendas, pero nadie padece de hambre. Nadie pasa hambre, pero todos se quejan. Todos se quejan, pero se llena la Plaza de la Revolución de personas vitoreando a Fidel. ¿Cómo evaluar este recuento? Podría explicarse el fenómeno de la disyunción lógica por el recurso literario del realismo mágico. La ficción cubre la brecha entre la vida real y el deseo. Los hombres y las mujeres nunca están contentos con los que les toca en suerte, podríamos sostener, y las ficciones de Castro les han ofrecido la satisfacción vicaria de sus deseos. La verdad de una ficción no depende de que se ajuste a los hechos, sino de persuadir a los lectores. Es decir, la ficción es verdadera si los lectores se incorporan a la ilusión.

En el centro de esta ficción cubana hay un autor de mala fe que niega la verdad ante su público cautivo para propagar sus fantásticas distorsiones. Para detener el paulatino deterioro de su historia, este autor se ve obligado a multiplicar sus discursos. Discursos que acusan, discursos que premian, discursos que agreden, y reconcilian la ficción creada con la realidad que la circunda y penetra desde los márgenes. En el escenario que es la isla, se multiplican también las entradas y salidas del dramaturgo Castro, quien debe afirmar con su presencia el dinámico desarrollo de la trama, hasta que su presencia se torna en una trivialidad más de la obra. Cuando se le presenta la ocasión, Fidel inaugurará ante las cámaras de televisión un hospital o un edificio para alojar trabajadores en el campo, y cuando no hay un solo edificio completo en la isla, el dictador sirve la ilusión de progreso con la inauguración de una ventana, una escalera, cualquier cosa. Ninguna de estas acciones puede ocultar el hecho de que la obra es mala y que hay que reemplazarla por otra completamente diferente.

La paradoja tropical nos recuerda las modalidades de la ficción aunque en sus efectos ésta violenta el concepto de ficcionalidad. Por medio de la selección de elementos y la combinación alusiva de los mismos, la ficción siempre ofrece alternativas y, en el cambio, la satisfacción activa de los deseos de los hombres y mujeres que componen la ficción con sus lecturas. La sensación de independencia experimentada en 1959 no ha hecho a los que compartieron y creyeron en la gesta ni más felices, ni más responsables. Los inquisidores se han encargado de cerrar las opciones de cambio y restringir las libertades individuales que en un final socavan las instituciones con su poder transformativo. La revolución institucionalizada representa la explotación sistemática de un sueño compartido por muchos y la progresiva distorsión de unos principios comunes. En el ejercicio del poder, las instituciones revolucionarias, ajenas a las vías de la democracia participativa, despliegan la fuerza violenta y destructiva que acompaña al proceso de cambio y que sólo un firme y activo sentido de responsabilidad social puede contener. La libre circulación de información es fundamental para la dinámica confrontación con las deficiencias de un medio y la evolución de las ideas. Sin la libre circulación de información no hay campo para la ficcionalidad con su sentido liberalizante, y reina la mentira.

El individuo que no se siente obligado a vivir el sueño de un quimérico dictador apoyado por un Estado totalitario, quien vive sin la posibilidad de ser informado, se lanza a un mundo cada vez más extraño y distante sin información, en un acto de desesperación que se encuentra representado en el Caribe de nuestros días por las épicas acciones del *balsero*. En mayo del año pasado le llegó a un compatriota nuestro la noticia maravillosa de la llegada de su hermano y cuñada al país del exilio. Noticia maravillosa también en un sentido de lo fantástico, si consideramos que un hombre y una mujer se hicieron al mar hacia el Golfo de México sobre un entarimado a flote sobre unos bloques de madera y corcho para encontrar, en esas casi increíbles carambolas que marcan las historias del Caribe, a seis remeros sobre una balsa compuesta por diez recámaras pneumáticas cubierta por una malla, y en ruta a Cayo Hueso. Este intrépido grupo le ofreció cabida en su improvisada embarcación a nuestra pareja ante la inminente desaparición de su entarimado bajo las olas del mar. Individuo y realidad social componen una unidad indisoluble. Con su acción individual y colectiva, que evoca el naufragio, los *balseros* forjan la nueva épica nacional cubana y hacen comprensible y representable la descomposición del medio actual de la isla.

En el imperio de la mentira no hay ficción y no hay historia. La futura generación de la república carecerá de mucho, y la carencia más terrible ha de ser la ausencia de una historia nacional fiable. El problema que se anticipa es la falta de historiadores, biógrafos, y novelistas que desarrollen una tradición narrativa crítica, basada en los hechos de la historia. La obra de Ángel Aparicio Laurencio representa una importante aportación en este sentido. Si peca de polémica, como algunos han considerado, es porque se proyecta por las vías del desacuerdo y la reinterpretación, y su autor se resiste a leer o interpretar la evidencia de una manera que la evidencia no da causa absoluta de leer. El revisionismo de Laurencio nunca rebasa los límites impuestos por la evidencia. Sus argumentos son intentos de reducir la desviación entre la realidad y la mentira, y representan un modelo del comportamiento científico que el medio democrático le permite al historiador. No será en la isla que se inicie la evaluación responsable de la historia. Ese medio represivo no permite la investigación a fondo, el cuestionamiento cabal de la información, ni la libre afirmación de un juicio final. El carácter científico de la investigación histórica se diluye ante la deformación ideológica impuesta por el régimen.

Libros deberían de escribirse que den información sobre un período histórico y dejen que el lector haga las conexiones pertinentes. Que le permita imaginarse su historia como el historiador lo ha hecho con su texto. Identificar los móviles de las acciones humanas es un proceso falible pero necesario para la comprensión de un movimiento histórico. El lector de la historia requiere una escritura rigurosa, responsable, compleja y perturbadora que le permita comprender un momento de la historia, y comprenderse en ese momento. Al descifrar los eventos del pasado, el lector participa en el proceso de constituir ese pasado como *su pasado* en un momento y lugar determinado. Como el historiador, el lector hace historia y es producto de la historia.

La democracia depende del libre acceso a la información y de la posibilidad de interpretarla, así como el totalitarismo necesita falsear la información y restringir el libre acceso a sus fuentes. ¿Se deriva entonces que escribir en un medio democrático que promulgue el libre acceso asegura la producción de historias fidedignas? Desafortunadamente, no. El factor del historiador a paga de una institución que le remunera por sus servicios afecta aún la ecuación de la verisimilitud en el mercado de las ideas, aunque probablemente no al grado que algunos pretenden, si pensamos que el sistema de libre circulación estipula cierto interés por parte de la institución de no operar sobre la base de información falseada. Cada sistema de pensamiento produce de manera más o menos evidente deformaciones de la realidad. La vida de la democracia no es una excepción.

La historiografía de Cuba producida en contextos democráticos del presente y del pasado presenta dos escollos que derrotan con cierta frecuencia el pensamiento histórico: uno es el faccionalismo, y otro es la nostalgia. Otro aún proviene del historiador que por convicción ideológica, o por algún interés personal, rehúsa discernir los defectos de una entidad totalitaria por la medida en que este reconocimiento debilitará su posición crítica dentro de la democracia, o por la medida en que esta falta de discernimiento servirá la ortodoxia de un grupo ideológico del cual el historiador deriva su identidad y prestigio intelectual, cuando no su sustento.

La nostalgia por el antaño, muchas veces efímero, es propia de los exilios y de jóvenes naciones en busca de su identidad. En este caso, el discernimiento crítico se diluye en la evocación del pasado en términos heroicos que nos reduce a espectadores de titanes que una vez habitaron la tierra y cuya voz fue el trueno. Esto no deja de crear literatura en el sentido de la leyenda y los romances de gesta, pero no sirve a la historia en el sentido por el que abogamos en nuestra discusión. He aquí un ejemplo que muestra las virtudes y fallas de la narración nostálgica:

> Manuel de Quesada, oficial de carrera, peleaba en México bajo las órdenes de Benito Juárez. De regreso en Cuba, se le nombra jefe del Ejército Insurrecto cubano. En el nombra-

miento solemne en que Carlos Manuel de Céspedes le hace entrega de una espada, de Quesada jura sobre su empuñadura en presencia de los comisionados que conducirá el Ejercito Insurrecto hasta el capitolio de los hombres libres o se hallaría el arma sobre su cadáver.

Al enfatizar el juramento de Quesada, el narrador de la historia le indica al lector la decisión de su protagonista, al aceptar la espada, de aceptar su destino de héroe y llevar a cabo su misión en una gesta de heroicas voluntades. Se enfatiza el gesto y, al hacerlo, éste se agranda y desdibuja, porque trasciende el momento histórico específico y remite al lector a otros juramentos grabados en la historia. Este efecto injerta el juramento de Quesada en una tradición y lo legitimiza ante la Historia concebida como modelo de acción y con mayúscula: la historia de las naciones civilizadas. Así el gesto nos refiere al proyecto didáctico de los antiguos procesos revolucionarios europeos, que a su vez invocaron el pasado greco-romano como fuente de inspiración y origen.

La acción que se reporta del general cubano puede verse reflejada en «El juramento de de los Horacios» de Jacques Louis David, en la segunda mitad del siglo dieciocho. El tema de esta pintura es el juramento patriótico de los trillizos de morir o vencer por Roma, presentado como un ejemplo de dedicación total a un ideal. El destinatario del mensaje patriótico de David se ubica en el momento histórico que precede el comienzo de la Revolución Francesa en 1789. El idealismo representado por la pintura de David, el dinamismo captado en el gesto de los hermanos, sirve la causa revolucionaria al afirmar como modelo de acción las virtudes de los hombres de la Roma republicana y, a la vez, el pintor agudiza el mensaje propagandístico al simplificar, por medio del gesto, las complejas dimensiones de los eventos que forman el contexto histórico del juramento.

Los contemporáneos de David han notado que no existe reporte alguno del juramento de los Horacios en la obra de los historiadores. El hecho que el juramento no haya existido en los recuentos de las acciones de los Horacios es quizá menos interesante que el hecho de haberlo imaginado el pintor y haberlo comunicado con la urgente claridad que llevó a los republicanos franceses a remedar en acto solemne el juramento en 1794. La creación de David también representa la culminación estética de otros juramentos inspirados en la antigüedad, como lo son «El juramento de Bruto,» realizado por Gavin Hamilton, donde Bruto jura expulsar de Roma a los corruptos Tarquinos, y «El juramento de Aníbal» por West, en el cual el padre del cartaginés le hace jurar ante un altar el odio eterno a Roma.

Para los europeos, los griegos y los romanos representan los grandes originadores. Es notable, en nuestra búsqueda de la verdad histórica, que Herodoto y Tucídides ambos consideraron la historia como una ciencia y como un arte. Se deriva que no sabemos hasta qué punto Herodoto y Tucídides sirvieron el hecho histórico o sus instintos artísticos por el drama de la composición. El viaje y la conversación fueron las fuentes de sus historias, y no el documento, cuya vida era precaria en aquellos tiempos. La información recogida por estos historiadores aparece en la forma de la literatura, elaborada en la manera de la ficción. Hasta qué punto fueron correctas las inferencias de estos historiadores griegos es motivo de conjetura. Lo que resulta es que la tradición que Grecia y Roma legaron a Europa fue una tradición que consideraba la historia como el estudio científico de los eventos de la vida del hombre y como un arte dirigido a la sensibilidad de un lector determinado y concebido en el tiempo.

La nostalgia por el pasado representa el peligro de caer en el vértigo de lo imaginario y de fundar sobre lo indocumentado. La derrota del pensamiento también resulta de las luchas sectarias del presente. La manipulación facciosa de la información representa un grave peligro para el desarrollo de un pensamiento histórico, responsable y honrado que permita una clara comprensión del pasado y la consecuente proyección futura de una nación. La democracia es un sistema en el cual todas la opiniones deben poder expresarse. Esta idea de dinámico conflicto en el contexto social es su razón de ser y se halla en la médula de la vida política del sistema. El primer ensayo que Madison contribuyó a *El federalista* es un análisis de la naturaleza, causas y efectos del espíritu faccioso que comienza diciendo: «Mientras la razón del hombre continúe siendo falible, y él sea libre para ejercitarla, se formarán diferentes opiniones.»

Las facciones son para Madison el producto y el precio de la libertad. La diversidad de las facultades de los seres humanos asegura heterogeneidad de los intereses en una comunidad. La protección de esas facultades debe ser la prioridad de un gobierno fundado sobre una sociedad dividida por diferentes intereses y partidos. Al reconocer el sectarismo como el precio de la libertad, Madison busca la forma de controlarlo sin suprimir su existencia en la vida de la democracia. Ya que Madison estima que las causas del sectarismo no pueden ser eliminadas de la práctica de la libertad, se dedica a la tarea de dar con las formas de controlar el efecto adverso que pueden tener los intereses de un grupo sobre los derechos de otros. La solución de Madison es concebir la democracia como un sistema de representación que permita a los miembros de una sociedad sus posesiones, sus opiniones, y sus pasiones.

El sistema propuesto por Madison propone integrar la opinión de los ciudadanos en la actividad de decidir por medio del voto la orientación de la política de su comunidad. La opinión permite a los electores la acción de seleccionar entre los diversos candidatos y los programas que estos candidatos representan. Se hace evidente que el sistema no funcionaría o resultaría en la catástrofe si el ciudadano elige a sus representantes o decide el rumbo de asuntos de la nación formando su opinión a base de información falsa.

La diferenciación fundamental en que radica el sistema de información y opinión democrática se halla en la función de una y de la otra. La opinión es el derecho de los ciudadanos de una democracia. La libertad de información es indispensable para la vida de una democracia. La opinión debe resultar de la libre circulación de la información en la comunidad, y esta información no debe ser distorsionada por los sentimientos sectarios de los grupos e intereses que componen esa comunidad. Es decir, que la opinión no debe anteponerse a la información, sino derivarse de ella, lo cual hace que el carácter de la opinión sea evolutivo. Para aprender de los hechos es necesario conocer los hechos y la facción que opera de mala fe contra la verdad de los hechos conspira contra la democracia misma que tolera su ser.

Los sistemas totalitarios que optan por erradicar las facciones en nombre del bien común le han quitado sensibilidad, ambición, y entusiasmo a sus ciudadanos. El totalitarismo representa el fin de la vida civil de un país. En la ausencia de una vida política, estos sistemas se ven obligados a fomentar el también perdido sentido de solidaridad de sus ciudadanos por medio de la anticipación constante de la agresión por parte de las naciones libres, o explotar la continua crisis económica a la que sus políticas conducen, y crear un frente unido de las miserias de un pueblo. Cierto es que en todas sus manifestaciones, el estado tiende a suprimir información que le es desfavorable. En el caso de la democracia, la deformación de los hechos sirve la manipulación de la opinión pública ante una política cuestionable del gobierno. El regimen totalitario, sin embargo, depende de la ignorancia para perpetuar sus fracasos.

Las páginas de Ángel Aparicio Laurencio enfocan los males sectarios que lastran la obra de aquellos que, por su posición en la sociedad democrática, deberían respetar sus principios pero, al contrario, los socavan consciente o inconscientemente. El diálogo polémico de Aparicio Laurencio es con los intelectuales, con los que transmiten el conocimiento y se expresan sobre cuestiones políticas o históricas, moldeando nuestra cultura y dando acceso a los no especializados al pasado de la nación:

> La proliferación de los especialistas en asuntos cubanos, a raíz de la toma del poder por los comunistas, es en nuestros días, una enfermedad endémica más dañina que el marabú. Así como el marabú perjudica los campos, los especialistas, a los cuales nos vamos a referir, perjudican la imagen de Cuba y de los cubanos con la distorsión sistemática e interesada de la verdad histórica. En las universidades anglosajonas, y en especial, en los departamentos de Historia, Ciencias Políticas y Sociología, existe una verdadera plaga de «cubanólogos» con pretensiones de erudición que desconocen la idiosincracia del pueblo cubano. Mientras que en Hispanoamérica los ideólogos trasnochados constituyen el azote de los estudios de investigación histórica. Ni unos ni otros son serios; en sus libros y publicaciones reflejan su frivolidad, sus fines e intereses.

La introducción de *¿Es historia el libro que Hugh Thomas escribió sobre Cuba?* representa en el lenguaje apremiante de Ángel Aparicio Laurencio su profunda preocupación por los ultrajes cometidos contra la historia de una nación en las páginas de llamados historiadores, que más que historiadores son raptores de la verdad. El libro en sí enfoca el tercer problema al que hemos aludido en relación a la confección de historias en los contextos democráticos, que es el problema del historiador, quien distante de las vicisitudes del pueblo sobre el cual escribe, sucumbe a las corrientes de la ideología enemiga de la sociedad liberal en los países en vía de desarrollo y escribe con falta de escrúpulo profesional y con deshonradez intelectual la historia de una nación.

Laurencio apunta una verdad cuando dice que «no hay en Cuba un sólo <historiador> que haya criticado los fraudes y errores históricos de Thomas,» y otra de contadas excepciones cuando dice «las historias hispanoamericanas escritas por anglosajones se caracterizan por la falta de seriedad, por el pintoresquismo turístico y los prejuicios raciales, sociales y políticos.» Los esquemas mentales preconcebidos forman un temible tremedal para el enjuiciamiento de una historia nacional, hasta el punto de que pueden socavar la propia posición del incauto investigador. Un índice de la desinformación que resulta en la interpretación de la historia entre estas culturas es la frecuente imputación de bandolerismo a las acciones de dirigentes políticos y revolucionarios en las naciones latinoamericanas.

El uso de tal calificativo revela en la obra de estos historiadores, cuando no su ignorancia, su afiliación ideológica o la de sus fuentes, más que las propias declaraciones de principios con las que prologan sus libros. ¿Qué pruebas aporta Thomas para afirmar que los integrantes del Segundo Frente Nacional del Escambray son «pistoleros» y «bandidos,» sino las aseveraciones mismas de los miembros del régimen de Fidel Castro? Y si de actividad subversiva se trata, ¿por qué no juzga Thomas al dictador cubano por igual, dada su agresión a tiros del estudiante Leonel Gómez en 1946, o su participación en el asesinato del expresidente de la Federación Estudiantil Universitaria, Manolo Castro, o su colaboración en el asesinato del sargento de la policía universitaria Oscar Fernández Caral?

Las preguntas que formula Aparicio Laurencio en su «Catálogo de mentiras, inexactitudes, errores, confusiones y falsedades» desenmascaran la postura imparcial del historiador inglés, y nos recuerdan que la representación de nuestra historia es una responsabilidad primordial, porque a claras luces el pueblo que no sabe o puede representarse a sí mismo será representado por otros para detrimento suyo y para detrimento de la verdad de los hechos históricos que han formado ese pueblo. Pocos libros se han escrito con tanta mala fe como la historia de Cuba de Hugh Thomas. Paradójicamente, dada la postura progresista y liberal de su autor, éste siempre escribe su historia asociado a la entidad política que representa el poder en la actual historia de Cuba: Fidel Castro. Por eso no resulta sorprendente que el dictador no haya puesto a sus sabuesos culturales a realizar una campaña revisionista como las tantas que ha ordenado a través de sus agencias de desinformación, aunque en una discusión que reporta Heberto

Padilla en su autobiografía, Fidel Castro mismo haya reconocido: «Los libros de Hugh Thomas sobre la Guerra Civil Española y la Revolución Cubana están llenos de errores.»

En *Historia del mundo*, libro que Thomas escribió, según nos explica, porque deseaba considerar temas desatendidos como son la historia del coñac, del termómetro, y del rábano, el historiador realiza la siguiente disquisición:

> Ambos el nazismo y el comunismo se han esforzado en presentar una visión distorsionada de las pasadas historias de los países en los que han establecido su mando. Se han dado cuenta de que una de las mejores maneras de capturar la mente de un pueblo es distorsionar su imaginación histórica, confundiendo al pueblo con nuevas leyendas y desviándolo con héroes construidos artificialmente. A veces, estas visiones engañosas se inician casi inconscientemente.

El ejemplo que Thomas usa para ilustrar lo antedicho, ocho años después de la publicación de *Cuba. La lucha por la libertad*, lo recoge de «una de las tiranías más recientes,» según nos explica el autor, la del régimen comunista en Cuba de Fidel Castro. ¿Es inconsciencia por parte de Castro su acusación anacrónica de intervencionismo yanqui en 1959, un momento prudente en la historia del intervencionismo norteamericano? Thomas explica que Castro, quien describió la llegada a Cuba del embajador norteamericano Philip Bonsal como la de un procónsul del antiguo Imperio Romano, en realidad describía la forma en que Sumner Welles había llegado a La Habana en 1933. ¿O es inconsciencia del historiador lo que le causa ser cómplice del mismo proceso contra el cual se declara en su discusión sobre las tiranías modernas?

La discusión de Thomas sobre la Revolución de 1933 muestra también inconsistencias que llevan al lector a cuestionar el marco ideológico o la conciencia política que guió su proyecto. Ángel Aparicio Laurencio, en el presente volumen, apunta las distorsiones más sobresalientes que comete Thomas en relación a este período histórico. Haremos hincapié en la imputación de bandolerismo que le hace el historiador a la figura de Juan Blas Hernández, figura que Laurencio recoge con justa indignación de los márgenes de la historia para revelar una trama de encubrimientos y traiciones.

Ninguna de las fuentes de análisis histórico citadas por Hugh Thomas se refiere a Blas Hernández como bandido rural. Sin embargo, él lo hace. ¿Por qué? El historiador se presenta como un elemento progresista y, sin embargo, utiliza el apelativo con que el régimen de Machado describe al líder de la oposición más intransigente y más representativa de los sectores rurales del país en 1930. A Hugh Thomas se le escapa este índice que Castro comparte con Machado y Batista, y éstos tres con sus antecesores españoles del tiempo de la Colonia. La imputación de bandidaje es uno de los recursos más comunes con que los déspotas cubanos han manipulado la realidad política para legitimizar ante la opinión pública de dentro y fuera de la isla el uso de la violencia represiva.

Al calificar la labor revolucionaria de Blas como bandolerismo, Thomas revela la superficialidad de su análisis histórico y la negligencia de sus asesores cubanos. Blas Hernández nunca fue reclamado por ningún delito por los tribunales de justicia. Lo más lamentable es que al glosar la historia del período, Thomas y sus asesores malgastaron la oportunidad de sacar a la luz una verdad que se trató de enterrar para siempre al pie de las murallas de Atarés. El asesinato alevoso de revolucionarios e inocentes representa el intento de ocultar el nexo de complicidad y corrupción que unía el nuevo régimen al que aparentemente terminaba con la huída de Machado.

La trayectoria de Blas en el proceso revolucionario de 1930 es sumamente reveladora de las fuerzas y conflictos que marcaron este período histórico. La inserción de Blas en la lucha contra el régimen de Machado ocurre bajo los auspicios del Partido Nacionalista y las órdenes del Dr. Pablo Hernández, presidente de dicho partido, el nueve de agosto de 1931, en la provincia de Camagüey. El que se le haya pedido a un individuo en el interior de país que se integrara a un movimiento revolucionario dirigido desde el exterior y desde la ciudad capitalina indica hasta qué punto la experiencia de las luchas independentistas habían fijado en la imaginación política cubana la importancia de la lucha armada en las áreas rurales del interior de la isla. El hecho representa un claro reconocimiento de la importancia de los sectores rurales en la proyección de un movimiento revolucionario de índole nacional.

Cuba no es todavía una nación en 1895, cuando un joven Blas conoce la acción libertadora de los mambises y su gesta independentista. Su expresa admiración por Mendieta y los lazos de afecto que unieron a Blas con este veterano de la guerra de independencia y sus proyectos políticos indican que Blas, en el contexto republicano de 1930, basa su propia acción armada contra el régimen de Machado, contra la ingerencia diplomática norteamericana, y contra los golpistas del 4 de septiembre en el modelo libertador del Ejército Insurrecto. Al subordinar su acción revolucionaria a la dirección de Mendieta y su partido, Blas integra al movimiento nacional un sector de la sociedad que carece de la sofisticación necesaria para articular su condición política independientemente.

El hecho de que los intereses que representaba el movimiento de Blas hayan sido desoídos y manipulados en el foro de la política nacional se debe menos a la inexperiencia política de este grupo, honrado en sus fines políticos, que al clima de oportunismo y subterfugio que primaba en la capital del país. La componenda con fines personales como motivación de las pugnas entre los partidos representativos fue no sólo la causa del fracaso de la insurgencia rural en las acciones de 1930, sino de la inestabilidad en la vida política nacional que resultó en la perpetuidad del poder norteamericano en la nación, en la preponderancia del poder militar en los asuntos de la república, y en la progresiva radicalización de los golpes de estado experimentados por el país con Batista y con el movimiento castrista en 1959.

El movimiento campesino encabezado por Blas debe comprenderse como parte de un esquema bipolar que forma la nacionalidad cubana. La concentración exclusivista del poder político en la capital del país desconoce la íntegra participación de los sectores rurales en el modelo nacional, aún en la redacción de su historia. Luis Aguilar, en *Cuba 1933*, reporta la consideración de un Ministro de Educación de que «Cuba es La Habana, el resto es paisaje.» Sin embargo, puede afirmarse que el carácter de la nación cubana se deriva de los sectores rurales que componen el modelo. Estos sectores se orientan hacia valores culturales propios del país, y recogen los diversos elementos del folclor y la tradición criolla, en contraste con la proyección capitalina, que se orienta hacia el exterior en términos geográficos, etnológicos, sociales, y económicos.

En su *Historia económica de Cuba*, Friedlaender identifica dos programas constitutivos para el desarrollo económico de la isla en el período comprendido entre 1815 y 1868. Uno es el programa de «la Cuba Pequeña,» es decir una Cuba cuyo desarrollo agrícola estuviera en manos de pequeños colonos y fomentara la pequeña propiedad, favoreciendo a los vegueros y a los campesinos que cultivaran los frutos menores. El otro programa es el de «Cuba Grande» que favorece los intereses de la Colonia centrados en La Habana y responde a las demandas del mercado internacional. Sus instrumentos son el ingenio y el ferrocaril que desplazan al colono a favor de las grandes haciendas y la mecanización de la industria azucarera. De estas dos Cubas la que siempre ha dominado ha sido la favorecida por los poderes de la Colonia y La Habana, que característicamente ha interpretado la tierra en los términos de la producción de azúcar.

La insurrección en el interior del país, que se mantuvo activa desde 1931 hasta 1933 sin aceptar la Mediación diplomática norteamericana, representa la intransigencia de la Cuba Pequeña ante el poder político de La Habana. La heterogeneidad de los elementos que formaron parte de las partidas de Blas durante este período son un índice de la sociedad rural del momento y de las diversas motivaciones que la llevaron a la acción política. Junto a él se encontraban trabajadores de ingenio, colonos, individuos como Francisco Negrín García, José Soto Cervantes, Miguel López Ríos, su hijo Mario Hernández, Manuel Salas Pizarro, Eduardo Camacho, Pompilio Viciedo, Epifanio Sosa Rodríguez, el Dr. José Antonio Rodríguez, Ignacio Rodríguez, José Costiello Fuentes, Ramón Darias, Juan Rojas, Herminio Moreno, Abras Grandes Florencia, Julián Valero, Pablo Pérez, Francisco Iglesias, Eulalio Estévez, Francisco Soto, al igual que artesanos como «el alemán» Yonatán Yenovic, inmigrante checoslovaco que trabajaba como armero, mecánico, y relojero en el pueblo de Mayajigua.

Es indudable que mientras las metas de su acción revolucionaria eran claramente el derrocamiento de Machado, la restitución del orden constitucional, y el comienzo de una reforma que pusiera fin a la precaria situación del interior del país que los desmanes de Machado habían causado, algunos de estos hombres se concibieron a sí mismos como rebeldes en el molde mambí, o como seguidores de un caudillo de prestigio local en la tradición iniciada en el tiempo de la Independencia, o fueron motivados a lanzarse a la manigua por las carencias que sufrían y por el romanticismo creado alrededor de una figura fugitiva, como lo fuera en su tiempo Manuel García, autodenominado «Rey de los campos de Cuba.» Otros, con clara conciencia revolucionaria, se habían señalado en conspiraciones políticas contra el régimen en los pueblos de Morón, Chambas, Mayajigua, Florencia, Tamarindo y, perseguidos, hacían contacto y se unían a las fuerzas revolucionarias de Blas, quien representaba el movimiento armado más efectivo contra la dictadura de Machado. En los pueblos y zonas aledañas encontraba también el movimiento su red de inteligencia y abastecimiento. En esta capacidad sirvieron la causa el Dr. Francisco Carrillo Ruiz en Remedios, y los doctores Esteban Rodríguez Herrera, y Pérez Corcho en Morón. Hacendados, colonos, sitieros, dueños de pequeñas fincas, recaudaban dinero, obtenían armas e información, y asesoraban el Estado Mayor de los alzados rebeldes.

En Jatibonico, en la provincia de Camagüey, Rafael García, propietario de la finca Boca Chica, mantuvo una sostenida vía de abastecimiento para el grupo. Otro tanto puede decirse de Hipólito Martínez, propietario de la finca El Mamey en Las Villas. Recaudaciones se llevaron a cabo en Remedios, Caibarién, y en la propia ciudad de Santa Clara para la compra de medicinas. Médicos como Mario Hernández, quien cayó en la batalla de Guaranal, y Francisco Lequerica, participaron en la insurrección ya sea como parte del grupo en la campiña, o yendo a curar en el campo, corriendo el riesgo a su persona. El movimiento de Blas fue, en esencia, la vanguardia revolucionaria de una sociedad campesina con una naciente conciencia política.

El proyecto político de Blas fue reiterado por él en Iguará, el 10 de marzo de 1933, al rechazar la amnistía que le ofrecía Machado con las siguientes palabras:

> Yo y mis hombres estamos dispuestos a continuar en la misma actitud mientra no haya un cambio radical, y por ningún motivo abandonaremos el territorio nacional pues estamos poseídos de un derecho por dos razones, una por ser éste un gobierno ilegal y otra porque somos cubanos, unos por nacimiento y otros por naturalización. Además, somos dignos, honrados, y estamos alzados en armas por reconquistar una nueva patria libre e independiente, según quisieron hacer nuestros antecesores.

Del mismo año consta un acta levantada en la finca El Mamey, ubicada en la jurisdicción de Remedios, provincia de las Villas, que representa un proyecto de defensa integral del campesinado en sus puntos contentivos. La reunión presidida por Blas propone un programa de reparto de tierra con obligatoriedad de cultivo por los beneficiarios, un plan general de viviendas baratas para el campesinado, la construcción de carreteras auxiliares y caminos vecinales, la intensificación obligatoria de la agricultura y el establecimiento de un vasto sistema de regadío. El documento afirma la colonización en regla de las tierras cultivables, abogando por la institución de patronatos provinciales y municipales que las virtualicen, y hace hincapié en evitar la tala de árboles en el monte y en procurar una vasta repoblación forestal.

El programa sería presentado a la Junta Revolucionaria Cubana, que se disolvió ese mismo año, y al gobierno que resultase electo como consecuencia de la revolución. Los eventos políticos subsiguientes resultaron en el aborto del programa confeccionado para el bien del campesinado por el grupo presidido por Blas. Al tomar parte en los eventos de su tiempo, sin embargo, Blas deja un legado de acción revolucionaria dictada por un fuerte sentido de constitucionalismo ya presente en los sectores rurales del interior de la isla. Este sentido por la codificación de las leyes de la nación que él afirma como cubana y capaz de resolver sus propios problemas en 1933, recibe su justificación en los artículos noventa y noventa y uno de la Constitución de 1940 que proscriben el latifundio y afirman el derecho de propiedad al que habite, cultive, y explote directamente una finca rústica.

La Habana deshizo la trayectoria política de Blas Hernández. El ambiente de intriga entre bastidores y camarillas que imperaba en la capital no era el elemento para este luchador de campiña, que resultó asesinado alevosamente por órdenes de Batista y los trámites de Guiteras, en aquel momento funcionario del gobierno provisional de Grau San Martín. El plan de redención campesina propuesto por Blas nunca hubiera sido aceptable a este joven cegado por el poder y la ideología de corte bolchevique que declaró en la revista *Ahora* el 19 de diciembre de 1933: «Evitaremos por todos los medios la creación de una burguesía rural, los famosos *kulaks* tan ferozmente atacados por los soviets. Nosotros trataremos de crear fincas cooperativas en su lugar.» En el torbellino de su tiempo, Guiteras no comprendió que el fenómeno de la despiadada represión de los emprendedores *kulaks*, la médula de la sociedad rural rusa, acarrearía la hambruna sufrida en la Unión Soviética en la década de los años 30. El plan cooperativo impuesto por Stalin es una de las principales causas del colapso de la producción agrícola soviética, una catástrofe más cuyos resultados marcan nuestros días. En su febril proyección revolucionaria, Guiteras no supo reconocer las demandas campesinas de su propio pueblo.

Los acontecimientos históricos comienzan con la actividad humana, ha escrito el filósofo Kant. La labor realizada por Ángel Aparicio Laurencio al enfocar la figura marginada de Blas Hernández representa una proyección hacia la comprensión global del movimiento histórico de 1930. Los escritores que han examinado posteriormente los eventos de 1933, han ignorado olímpicamente la participación de Blas en los mismos. El origen de estos escritores de la clase media cubana explica parcialmente la omisión, ya que estos individuos han carecido de la afinidad de clase que les permitiría comprender la simpatía y fuerza popular que este individuo desarrolló entre el campesinado de su tiempo. Por otra parte, la complicidad de funcionarios y advenedizos en los gobiernos de la República con la sangrienta represión del Movimiento del 8 de noviembre ha sido una fuerte motivación para silenciar la actividad de este jefe rebelde, una vez que el escándalo de su asesinato pasó a ser parte un murmullo más en la historia de los vencidos. Pero incuestionablemente, Blas fue un agente clave de la dinámica del movimiento social que caracterizó la época. Desconocerlo, como se ha hecho, por motivos que resultan aparentes en el recuento de la historia, es robar una fracción de la verdad al pasado. Identificar los motivos de las acciones de un individuo es ardua tarea, pero es en las aspiraciones y propósitos de los seres humanos que se encuentran los factores determinantes de un momento histórico.

Dice el refrán inglés de la persona que no ve el bosque a causa de los árboles. Muchos textos de historia cuentan impersonalmente de poblaciones y países, y es ésa una de las tantas razones por las que no son obras literarias. Estos textos resultan ser como fotos en conjunto del bosque que muestran generalidades y pierden al hacerlo la verdad particular del árbol. Otros nos presentan un tipo de árbol y olvidan la variedad que compone al bosque. Estas, limitadas por el enfoque personalista o de grupo particular, olvidan la realidad nacional, que no se limita ni se restringe a las iniciativas de la ciudad capital. La historia como se narra en los abarcadores libros de historia puede ser memorizada y nunca se perderá en su generalidad; pero la historia de lo particular, tan característica de la literatura, necesita ser reconocida por los historiadores, investigada, y rescatada para que no caiga en el olvido y no se falsifiquen sus realidades. En este libro, Laurencio no pretende hacer un juicio crítico definitivo sobre la figura de Blas, sino sentar las bases para el estudio de una de las figuras más eminentes del movimiento de reforma nacional que se inició en 1930.

Blas Hernández y la Revolución de 1933 de Aparicio Laurencio se adentra en el bosque para enfocar la particularidad del árbol sin perder de vista el bosque. Al abogar por la modalidad biográfica, en la primera parte del libro, el autor no pretende el análisis completo y científico de la vida de un hombre, que es una imposibilidad, o la tarea también imposible que dictaría una historia total y fiel a la realidad, que sería el recuento de los eventos vividos por cada una de las personas que ocupan un lugar y un tiempo determinado en la historia. «Toda reunión de hombres» –escribe Carlyle– «¿no es una reunión de incalculables influencias, cada unidad de ella un microcosmos de influencias, de las cuales cómo ha de calcular o vaticinar la ciencia?» Más que de ciencia, se trata la historia de una manera de educar la mente de un público lector que traza su futuro en el tiempo.

Demostrar que la dinámica de un movimiento social es el resultado de relaciones interindividuales es dar a ese público lector un papel central en el desarrollo de la historia. La presente obra de Aparicio Laurencio, que se publica sesenta años después de los eventos de 1933, muestra que hay el historiador, quien desatento al proceso de abstracción que ocurre en la redacción de la historia, o movido por intereses personales, hace desaparecer a un individuo, mientras se ocupa de empequeñecer a unos y exaltar a otros siguiendo las corrientes que su pensamiento identifica como vías para eslabonar causa y efecto, o para servir sus prejuicios, o acomodar su ignorancia. Simone Weil ha escrito la siguiente advertencia: «El pasado no regresa una vez destruido. La destrucción del pasado es quizás el peor de los crímenes. Hoy en día, la preservación de lo poco que queda del pasado debería convertirse en casi una obsesión.» El resultado cumulativo de las prácticas del olvido y la tergiversación es la incapacidad de una sociedad de formar una narración completa del pasado que la identifica, la une y orienta hacia el futuro. El pueblo cubano tiene una deuda de gratitud con los críticos atentos como Ángel Aparicio Laurencio que corrijen las omisiones y se dan a la tarea de completar nuestra historia.

Jorge Hernández Martín
Hanover, New Hampshire

30

PRIMERA PARTE

CON LA MANIGUA POR MARCO: LA GESTA REVOLUCIONARIA DE BLAS HERNÁNDEZ (1931-1933)

CAPÍTULO I

El desarrollo de la Revolución de 1933. La vida y la época de Juan Blas Hernández. Documentos para su estudio. Las obras escritas sobre el período revolucionario. Sopesamiento.

En este ensayo histórico comparado, se intenta proyectar la vida de un hombre y la atmósfera de la época que le tocó vivir. Ese hombre es Juan Blas Hernández y la época 1930. Este trabajo difiere en lo esencial de los libros de texto cubanos y de las «historias» escritas por extranjeros sobre la generación de 1930 y su actuación en la vida pública cubana. Tenemos que reconocer que a los cubanos nos ha faltado un esfuerzo de análisis sostenido para arribar a conclusiones concretas sobre el destino de la nación. ¿Con cuáles documentos cuenta el investigador para estudiar la revolución de 1933? Con los testimonios contradictorios de algunos de sus miembros. Compárese la «historia» escrita por Hugh Thomas, por ejemplo, con las memorias de Machado y los libros publicados por Herminio Portell-Vilá, Inés Segura Bustamente, Enrique Lumen, Justo Carrillo y Antonio Lancís, obras plagadas de errores y mixtificaciones, donde se deforma la verdad por ignorancia o por conveniencia personal. Libros de veracidad sospechosa que hay que leer y estudiar con las debidas reservas. Las inexactitudes de los autores citados son peligrosas porque sus libros se encuentran en la mayoría de las bibliotecas universitaritas estadounidenses, donde son consultados por estudiantes norteamericanos, cuyos profesores, en su mayoría llenos de prejuicios, ignoran la historia y la idiosincracia del pueblo cubano.

Los libros de «historia» publicados desde 1959 hasta 1990 por cubanos y extranjeros tienen que ser re-examinados y purgados con sumo cuidado, ya que resulta difícil distinguir entre la verdad y la mentira. La desconfianza que deben inspirar dichas publicaciones es legítima y además justificada. El método crítico comparado debe aplicarse con todo rigor para leer con aprovechamiento a los autores antes mencionados. No se puede faltar al deber primordial de probidad intelectual impunemente. La duda metódica de Descartes debe iluminarnos el camino en la búsqueda del verdadero conocimiento. La falta de seriedad, el folklorismo de baratija y los prejuicios políticos no pueden esgrimirse como hechos históricos.

¿Tiene derecho un historiador a formular afirmaciones que no pueden ser comprobadas? ¿Cómo pueden considerarse históricos libros donde se falsifican fechas, lugares, nombres, raza y hasta la geografía? La disección de la generación del 30, descubre muchos de los secretos que los «historiadores» cubanos han ocultado celosamente al público. Su revelación pone al rojo vivo el grado de descomposición moral a que habían llegado algunos dirigentes políticos. El investigador que estudie con método crítico la Revolución de 1933, descubre, sin mucho esfuerzo, cómo se ha falsificado la historia para justificar conductas personales. Según Bloch, toda mentira «acarrea casi forzosamente muchas otras, llamadas a prestarse, por lo menos en apariencia, apoyo mutuo, es cosa que enseña la experiencia de la vida y confirma la de la historia.» Porque «el fraude, por naturaleza, engendra el fraude.»

¿Por qué un campesino como Juan Blas Hernández se alza con éxito contra la dictadura de Machado? ¿Qué lugar ocupa el asesinato de Blas Hernández en la cronología de las vicisitudes de la democracia cubana desde 1933 hasta nuestros días? ¿Qué consecuencias tuvo para Cuba el asesinato de Blas Hernández y el triunfo de los sargentos que sostuvieron a Machado y que llegaron al poder ayudados por el Directorio Estudiantil Universitario bajo la dirección de Sergio Carbó? ¿Qué ideas políticas y filosóficas sustentaban los hombres que ordenaron el asesinato de Blas Hernández? ¿Por qué no se ha estudiado con seriedad el papel que jugó Sergio Carbó en la preparación y ejecución del golpe de los sargentos el 4 de septiembre de 1933? ¿Por qué Sergio Carbó coadyuvó a la destrucción del ejército cubano y ascendió por «méritos de guerra» a Batista de sargento a coronel? Para comprender la violencia política que, como un huracán, ha azotado a Cuba desde 1933 hasta el presente, hay que estudiar los orígenes de la revolución del 33, la atmósfera mental del pueblo cubano y los problemas de conciencia de los intelectuales y de los estudiantes del Directorio Estudiantil Universitario.

El objeto de este ensayo es mostrar la conducta de esos hombres ante hechos que transformaron el destino del pueblo, porque el gran drama de la historia contemporánea de Cuba es que los miembros de la generación del 30 tratan de justificar su fracaso histórico, no de explicarlo. El descalabro de la democracia cubana no se produjo por generación espontánea, tiene raíces políticas, sociales y educativas muy profundas. La inmoralidad de los políticos, la corrupción de los intelectuales, el pandillerismo universitario y la inconciencia cívica del pueblo son algunas de las causas de la actual situación.

Blas Hernández en la campaña revolucionaria contra Machado cerca de Buena Vista, provincia de Las Villas. Su hijo Mario, primera fila, tercero de la izquierda. (Archivo de Mario Hernández)

CAPÍTULO II

Los días que siguieron a la caída de Machado. El libro de Hugh Thomas: *Cuba. La lucha por la libertad*. Su valor histórico. Su enfoque erróneo sobre la figura de Blas Hernández. Incongruencias y falsedades.

Los estudiantes del Directorio Estudiantil Revolucionario se convirtieron en políticos y fue la ambición desenfrenada de poder y de dinero lo que nubló el porvenir de Cuba. Todas nuestras desgracias se deben a la codicia de los sargentos, de los estudiantes y de los políticos inescrupulosos, políticos sin ideas originales y sin convicciones profundas. La Habana se llenó de revolucionarios ignorantes, bárbaros, audaces, sin ningún respeto por los derechos del hombre. Cerca de Batista florecieron viciosamente la intriga y la adulación más bajas: privaban los díscolos, los ignorantes, los chismosos, los serviles, los alcahuetes y una intelectualidad mediocre y disoluta. En ese ambiente nauseabundo, rodeado de turiferarios, donde prevaleció la mala atmósfera política, Batista gravitó sobre la vida política cubana durante largos veintisiete años, respondiendo al servilismo no a la capacidad, imponiendo la influencia de lo ruin, de lo pequeño, malversando los fondos públicos del Estado cubano.

A la caída de Machado, las turbas agitadas por los dirigentes del ABC y del Directorio Estudiantil Universitario se entregaron a las delicias del saqueo. «Los saqueos,» señala acusadoramente Orestes Ferrara, «en gran parte fueron realizados por las clases ricas, que acudían con la idea del robo.» Y unas líneas después agrega: «Estos saqueos, desconocidos hasta entonces, fueron realizados por gente aristocrática» (*Memorias* 407). Mientras se saqueaban pueblos, fincas y hasta bibliotecas, la violencia se apoderaba de las calles de la capital y el oportunismo político se mezclaba con el intervencionismo norteamericano. Políticos corrompidos, funcionarios venales, estudiantes terroristas y sargentos indocumentados se alzaron sin ningún pudor con el poder en el Campamento de Columbia, para iniciar la etapa de violencia política que ha caracterizado a los gobiernos cubanos desde el 4 de septiembre de 1933 hasta el presente.

En ese ambiente de pequeñas y grandes intrigas se forja la personalidad de un campesino humilde y honesto que se alza contra la dictadura de Machado primero y en contra de los autores del 4 de Septiembre después. Con su protesta, Blas Hernández inicia un movimiento de renovación ciudadana que todavía no ha cuajado y que sigue siendo aspiración del pueblo cubano: el adecentamiento de nuestra vida pública. Su gesto adquiere resonancia internacional. Nadie en Cuba pone en duda la nobleza de sus sentimientos e intenciones. Los ataques que ha recibido como todo hombre público provienen de sus enemigos y de «historiadores» mal informados y peor documentados.

El «historiador» inglés Hugh Thomas, en su voluminoso libro *Cuba. The Pursuit of Freedom*, ha deformado la historia de Cuba, ante el silencio cómplice de los «historiadores» cubanos. Inglés al fin, Thomas no es el único culpable de los errores, inexactitudes, equivocaciones y mentiras que se encuentran en su libro. Tan culpables o más que Thomas son los cubanos «que leyeron parte de las pruebas o del manuscrito» y les «hicieron sugerencias muy valiosas,» a los cuales les está «muy agradecido.» «Estoy particularmente reconocido,» añade Thomas, «al señor Cabrera Infante, que es una mina de información en tantos aspectos de la historia cubana»(Tomo 1, 13 y 14). Thomas esgrime como garantía de veracidad «las sugerencias» que le hicieron algunos cubanos, ninguno de los cuales se destaca por sus investigaciones históricas. Ni Thomas ni sus colaboradores cubanos son dignos de mucho respeto. ¿Qué motivos impulsaron a los lectores cubanos en que Thomas confiaba para no corregir los errores en que incurre? No cabe duda que en la galería de los fabricantes de mentiras, Thomas y sus colaboradores cubanos ocuparán un lugar destacado.

¿Cómo podemos comprobar la afirmación de Thomas de que Blas Hernández era un «oficial excéntrico e independiente, quien durante cierto tiempo logró medrar como bandido en la provincia de La Habana»? ¿Cuánto tiempo estuvo alzado Blas Hernández en la provincia de La Habana? ¿Pueden Thomas y su consejeros cubanos documentar este dato? Es difícil dar con las citas que Thomas hace al final de cada página. ¿Hasta qué punto los que les hicieron «valiosas sugerencias» han alterado la verdad de los hechos?

En el libro VI, del tomo 2 de la versión en español, titulado «La revolución de 1933,» Thomas describe los sucesos del 4 de Septiembre, teniendo como guías a Sumner Welles, Ricardo Adam Silva y al periodista norteamericano a sueldo de Batista, Edmund A. Chester. El epígrafe titulado «La revolución de los sargentos» es de una incoherencia absoluta. La correspondencia de Welles, publicada por el gobierno norteamericano en 1952, al menos tiene una coherencia parcializada basada en sus intrigas como mediador con plenos poderes de su presidente. En la página 637, de la versión inglesa de su «historia,» correspondiente a la página 833 de la versión en español, Thomas comete tres errores imperdonables. Después de reseñar cómo Batista se apoderó con «asombrosa facilidad» del Campamento de Columbia, Thomas afirma que el comandante Botifoll (Botiful en la edición en español) fue arrestado, siendo sustituido por el capitán Emilio Laurent, un ex-soldado que dirigió en 1931 la expedición a Gibara contra Machado. Señalemos los errores: el nombre del comandante de la policía era Boffil y no Botifoll o Botiful; Laurent había sido segundo teniente y no capitán y fue, junto con Sergio Carbó y Carlos Hevia, uno de los tres dirigentes de la expedición a Gibara, en agosto de 1931. Welles en la página 381 de su correspondencia cita el nombre de Bofill. ¿Cómo es posible que a Cabrera Infante que es «una mina de información en tantos aspectos de la historia cubana» se le fueran gazapos tan elementales?

En la página 637 Thomas prosigue su relato y nos dice que algunos sargentos, después de entrevistarse con Torres Menier, pensaron que estaban perdidos. «Por lo tanto,» escribe Thomas, «se pusieron en contacto con el coronel Blas Hernández, un oficial excéntrico e independiente, quien durante cierto tiempo logró medrar como bandido en la provincia de La Habana y el cual les ofreció de 150 a 200 hombres. Entretanto Radio Habana dio la noticia de que se había frustrado un golpe.» La anterior información la toma Thomas, al parecer, de la página 379 del volumen V de *Foreign Relations, 1933*, publicado por el gobierno norteamericano. En la cita que aparece al pie de la página 637, Thomas dice que toma la información del volumen II, lo cual es un error, ya que la información aparece en el volumen V.

El cable de Welles al Secretario de Estado, fechado el 5 de septiembre de 1933, transmitido a la 1 a.m. y recibido a las 3:45, dice: «Ayer a las diez de la noche los soldados de las guarniciones de La

Habana han depuesto a los oficiales y se han declarado en control del ejército. Su acción fue tomada por los movimientos radicales extremos. El movimiento subversivo ha sido anunciado por radio desde varios cuarteles y con toda probabilidad ocurrirán desórdenes violentos antes del amanecer.» La información de Welles contradice la de Thomas, ya que el movimiento subversivo fue anunciado por radio desde varios cuarteles. En el comunicado de Welles no se menciona el nombre de Blas Hernández, aunque en la cita Thomas da la impresión de haber tomado la información de la correspondencia de Welles, cosa que es absolutamente falsa. ¿En qué libro de historia de Cuba o cuál de los cubanos que Thomas consultó le dijo que Blas Hernández era un «oficial excéntrico»?

José Duarte Oropesa en su *Historiología cubana*, tomo II, página 431, habla de que: «La pintoresca figura del alzado guajiro Blas Hernández era exhibido en los salones elegantes como una curiosidad de moda.» Ni excéntrico ni pintoresco y mucho menos curiosidad de moda. Blas Hernández era un guajiro modesto y sencillo que encerraba en sí toda la dignidad y el orgullo de los campesinos cubanos y del cual se aprovecharon Welles y los corrompidos políticos cubanos para medrar a la sombra de su prestigio. No es cierto que Blas Hernández fuera exhibido en los salones elegantes como una curiosidad de moda, porque tenía un claro y desarrollado sentido de las proporciones. Su estancia en La Habana no pudo ser más discreta, como lo prueban las publicaciones de la época.

En el párrafo siguiente Thomas comete un nuevo error al afirmar que: «El propio Céspedes estaba en la provincia de Oriente, observando los efectos del huracán.» La revista *Bohemia* del 2 de agosto de 1934, en la página 95 publica que: «El día 4 de septiembre, estando el presidente en Sagua, socorriendo a las víctimas de un ciclón que azotó a la costa norte de Cuba, se produjo en La Habana el golpe de estado que situó en la presidencia a la llamada Pentarquía.» Los historiados cubanos Isidro Pérez Martínez e Isidro Pérez Sanjurjo, Vidal Morales y Calixto Masó Vázquez, sostienen que el Presidente Céspedes se encontraba en Sagua la Grande y no en Oriente, como afirma Thomas, en visita de inspección, siendo la ciudad azotada por el ciclón del 3 de septiembre de 1933, cuando los sargentos sublevados aprovecharon la ausencia de Céspedes para insurreccionar a los sargentos, cabos y soldados del Campamento de Columbia. ¿Cómo es posible que

Cabrera Infante, que es una mina de información en tantos aspectos de la historia cubana, no enmendara error tan elemental?

En la página 655 de la edición inglesa, correspondiente a la página 856 de la versión española, Thomas, basándose, al parecer, en el documento publicado por el gobierno norteamericano ya citado, escribe: «Fuera de La Habana, un veterano de 1895, el coronel Blas Hernández, famoso bandido rural y guerrillero contra Machado, convirtió su banda en un ejército de 500 hombres en Santa Clara.» Información que, de acuerdo con la cita número 17 que aparece al pie de la página 655, toma Thomas del libro *Foreign Relations, 1933*, V, 448-50, quien con evidente error cita el tomo II, cuando se trata del tomo V, como ya hemos señalado. En el cable del día 19 de septiembre no hay además ninguna referencia de Welles a Blas Hernández.

El día 18 de septiembre, Welles informó que el coronel Blas Hernández, dirigente revolucionario al cual Machado nunca pudo suprimir, comenzó una revolución cerca de la ciudad de Morón, provincia de Camagüey. Con él se alzaron como 300 hombres, ninguno de los cuales estaba bien armado. En el cable del 20 de septiembre, trasmitido a las dos de la tarde y recibido a las 2:15, Welles escribe que toda la evidencia que él ha podido conseguir, a pesar de la censura gubernamental, tiende a confirmar el hecho de que el gobierno revolucionario organizado por Blas Hernández está ganando fuerza y que el número de hombres ahora apoyándolo ha llegado a más de 500. Dos otros caudillos de la provincia de Santa Clara afiliados a la Unión Nacionalista se han alzado con aproximadamente 50 hombres cada uno. En ninguno de los despachos de Sumner Welles al Secretario de Estado se califica al coronel Juan Blas Hernández de «bandido rural.» ¿De dónde proviene la información de Thomas? ¿Puede escribirse la historia de un hombre honesto con rumores y chismes de ociosos?

Los archivos judiciales y policiales cubanos son un vivero de información sobre las actividades delictivas de algunas figuras políticas cubanas. Archivos que los historiadores de la revolución cubana de 1933 y de 1959 no consultan. Si Thomas se hubiera tomado el trabajo de consultarlos, habría descubierto la causa criminal 197 de 1948 por la muerte del dirigente estudiantil y exdirector de deportes, Manolo Castro, cuyos antecedentes se encontraban en el Gabinete Nacional de Identificación, que involucran a Fidel Castro y a Gustavo Ortiz Fáez como autores del asesinato. Esto es lo que podemos llamar testimonio documentado y no el de Thomas, que no sabemos de dónde viene. Jamás Blas Hernández estuvo reclamado por los tribunales cubanos por la comisión de delitos comunes. La afirmación de Thomas y de sus consejeros cubanos es gratuita. En el poco tiempo que estuvo en La Habana, Blas Hernández fue recibido por el Presidente Carlos Manuel de Céspedes, por el general Menocal, por el coronel Mendieta, por el presidente Grau San Martín y el coronel Fulgencio Batista. En el libro de Mario Lazo, *Daga en el corazón*, en la página 49, se publica una foto en la que aparecen el sargento Batista y el Dr. Ramón Grau San Martín, éste último estrechando la mano del general (según el pie de la fotografía) Blas Hernández. Según Lazo, la fotografía fue tomada en septiembre de 1933.

Hugh Thomas en su libro *Cuba: La lucha por la libertad (1762-1909)*, le da las gracias a Theodore Draper por haberle dado acceso a su colección de periódicos cubanos, entrevistas y manuscritos, en especial las memorias inéditas y papeles del doctor Justo Carrillo, y de los señores Mario Llerena y Luis Simón. En el párrafo siguiente nos informa que el Dr. Felipe Pazos, el Dr. Javier Pazos, don Guillermo Cabrera Infante, y D. Luis Anguilar [Aguilar] León, leyeron parte de las pruebas o del manuscrito del libro e hicieron sugerencias muy valiosas. Está Thomas particularmente reconocido al señor Cabrera Infante, que es una mina de información en tantos aspectos de la historia cubana.

Después de leer los anteriores párrafos, el historiador profesional no puede explicarse cómo en el libro de Thomas hay tantas lagunas, «omisiones de episodios importantes y numerosos errores de gran envergadura.» La extensa bibliografía en español que aparece en la obra, no parece que haya sido consultada ni por el autor ni por sus colaboradores cubanos. «Hay muchos juicios, sucesos y referencias que han sido falsificados audazmente,» según afirma Ricardo Adam Silva, y es fácil comprobarlo. De su libro *La gran mentira*, hay más de cuarenta citas, pero en dichas citas hay varias que modifican o ponen al revés lo que se escribió. Joaquín Meyer me señalaba en Washington, hace unos años, todos los errores en que incurría Thomas al referirse a la industria azucarera y se lamentaba de la apatía de los historiadores cubanos profesionales en señalarlos.

De los errores, mentiras, falsificaciones, inexactitudes, desaciertos, disparates y desatinos que comete Thomas nos hemos referido en otro trabajo.[2] Aquí queremos referirnos a sus juicios equívocos y mentirosos sobre el coronel Juan Blas Hernández, veterano de la guerra del 95, que se alzó en armas bajo las órdenes del Dr. Pablo Hernández, Presidente del Partido Nacionalista de Morón, provincia de Camagüey, el 9 de agosto de 1931. No sé cual de los cubanos asesores de Thomas acusó a Blas Hernández de «bandido.» Si Thomas hubiera leído el libro de Emilio Reverter Delmas, *Cuba española*, publicado en 1897, hubiera descubierto que los libertadores que luchaban contra España eran calificados de «agitadores filibusteros», de «bandidos,» de «hordas de bandoleros e incendiarios;» y de «propagandista filibustero» fue calificado Martí. Y sin ir más lejos, si hubiera leído los partes de Alberto Boix Comas, Otto Meruelo y Luis Manuel Martínez durante la tiranía de Batista, se hubiera enterado de cómo el gobierno calificaba a los rebeldes. Cierto que los machadistas calificaron de «bandido» a Blas Hernández, pero también negociaron con él para que suspendiera sus operaciones guerrilleras. Afirmar que Blas Hernández era un «bandido» es una canallada, pues nunca fue reclamado por ningún delito por los tribunales de justicia.

De acuerdo con Ricardo Adam Silva, jamás Blas Hernández fue el «jefe excéntrico e independiente,» que estuvo escondido en la provincia de La Habana, ni el «bandido como los suyos» que describe, falseando la verdad, el autor inglés Hugh Thomas. El teatro de sus operaciones guerrilleras, sin rendirse nunca, lo fue el territorio de los municipios limítrofes de las provincias de Camagüey y Las Villas, o sea los de la Trocha camagüeyana y los de Trinidad y Sancti Spíritus, y zonas aledañas. La historia de Thomas es hoy una historia para consumo de los miembros de la Fundación Cubano Americana que lo han elegido su consejero áulico en asuntos cubanos. Pero la verdad se irá abriendo paso con el tiempo y en su día el libro de Thomas ocupará el lugar que le corresponde en el cesto de la basura.

---

[2] Ver *¿Es historia el libro que Hugh Thomas escribió sobre Cuba?* Madrid: Catoblepas, 1985.

En la presente foto, tomada en las cercanías del término municipal de Yaguajay, provincia de Las Villas, aparecen de pie, de izquierda a derecha, los doctores Santiago Cuba y Benito Lage y los alzados en armas Rudesindo Naranjo, Dr. José Antonio Rodríguez Sánchez, Félix García y Félix Valle. Delante del grupo de mujeres cubanas aparecen el capitán Yonatán Yenovic y el confidente de Blas Hernández, Martín Clay. (Archivo de Mario Hernández).

CAPÍTULO III

Los ensayos de Francisco Meluzá Otero y Antonio Llano Montes en las revistas *Bohemia* y *Carteles* sobre Blas Hernández

Francisco Meluzá Otero en la revista *Bohemia,* y Antonio Llano Montes en la revista *Carteles,* publicaron dos ensayos ilustrados sobre Blas Hernández, que guardan estrecha relación uno y otro. Hay en los trabajos mencionados datos precisos y preciosos sobre la vida guerrillera del coronel Juan Blas Hernández y sobre su hijo Mario, que lo acompañó desde su alzamiento en 1931 hasta la fecha de su asesinato en noviembre de 1933. La lucha del coronel Juan Blas Hernández en las provincias de Camagüey y Santa Clara, sin ser derrotado ni capturado en dos años, es una lucha épica. Arsenio Ortiz con dos mil hombres y veintiún oficiales fracasó en su intento de capturarlo y de llevarlo vivo o muerto a La Habana. Examinemos con atención los datos de Meluzá Otero y Llano Montes para comprender en su justa dimensión la personalidad guerrillera del coronel Juan Blas Hernández.

El 9 de agosto de 1931, en la ciudad de Morón, en compañía de Pablo Hernández, médico de Morón y presidente de la Asociación Unión Nacionalista, del Dr. Ramiro Sibello, de Manuel Oliva, del Dr. Francisco Pérez de Corcho, de Juan Callero, de José de la Paz Díaz, de Rodolfo León, de José Grasso, de Guillermo Sanoletti, de Rafael Travieso, de Emilio Caballero, de Onofre Aloy, de su hijo Mario, que tenía diecinueve años y de otros, Juan Blas Hernández se alzó contra la dictadura de Machado. Alzamiento que tenía conexiones con el movimiento que encabezaron Mendieta y Menocal, presos en Río Verde y con el desembarco de Gibara, que fracasó y estaba dirigido por Sergio Carbó, Carlos Hevia y Laurent. Mientras el movimiento organizado por los políticos de la capital fracasaba estrepitosamente, las guerrillas de Blas Hernández crecían en extensión. A las dos de la tarde del día 11 de agosto, Mario Hernández contó 418 hombres. La orden del levantamiento la habían dado Mendieta, Menocal y Hevia.

Los alzados iniciaron su campaña con la toma el día 12 del barrio de Tamarindo en Morón. Nuevos núcleos se unen al grito de «Abajo Machado.»

Al saberse la noticia del levantamiento en Morón, el capitán Fonseca y el teniente Tuero salieron en persecución de los alzados y el día 13, en Guaranal, tienen los guerrilleros su bautismo de fuego al enfrentarse con las tropas del gobierno. El choque es violento y los rebeldes sufren varias bajas ante el empuje de 100 hombres bien armados que los obligan a dispersarse. Al día siguiente el ejército publica un bando invitando a la rendición y garantizando la vida de los que se presenten. Se discute el camino a seguir y Blas Hernández toma la decisión de seguir alzado, pero que no se opone a los que deciden presentarse. «Yo seguiré alzado,» dice, y mantuvo su palabra.

El alzamiento de 1931 fracasó como hemos señalado, mientras que Blas Hernández, herido, parte hacia la manigua. Lo acompañan su hijo Mario y José de la Paz Díaz ¿Hacia dónde iba? Tras largas horas de penoso caminar arribaron a Boca Chica, refugio seguro que se convirtió en el primer campamento de las fuerzas revolucionarias. Boca Chica era una finca propiedad de Rafael García, un íntimo amigo de Blas, que estaba situada en Jatibonico. García y su familia curaron y escondieron al que en el transcurso del tiempo se había de convertir en famoso guerrillero. Las tropas gubernamentales invadieron los campos en busca de Blas Hernández. Pero para la familia García era cuestión de honor salvar la vida del amigo. Encontrándose las tropas gubernamentales patrullando los alrededores de la finca de García, Blas Hernández le dijo a su amigo: «¿Por qué no los invitas a comer? ¡Así no sospecharán de ti!» Y esa noche los soldados de Machado comieron en la misma mesa en que se había sentado Blas Hernández.

La serenidad y el valor de Blas Hernández no tenían límites. En la soledad del campo y en la tranquilidad de su refugio va madurando sus planes de lucha. A Boca Chica llega el alzado Nicolás Olivera en compañía de su cuñado Santiago García. Van en busca de Blas para trasladarlo a la finca de Olivera, en Los Charcazos, barrio de Taguasco en Sancti Spíritus. Blas se recupera de sus heridas, pero días más tarde contempla, desde el puente de Jatibonico, un espectáculo que lo deprime pero que no lo desalienta, el tren especial que conduce a La Habana a los prisioneros de la fracasada expedición a Gibara. No todos los hombres reaccionan de igual forma ante la derrota. Unos crecen mientras que otros se desaniman. Blas pertenece al primer grupo y con dolor ve partir al compañero que lo acompañó desde el primer momento, José de la Paz Díaz, que aceptó el ofrecimiento del representante Emilio San Pedro de embarcarse para Miami.

En Los Charcazos, la finca de Santiago García, le llegan las noticias de la derrota y rendición de los jefes de la revolución de agosto de 1931 y decide regresar de nuevo a su refugio seguro en Boca Chica, situado entre los límites de Camagüey y Santa Clara. Allí se le une Viciedo, un viejo amigo. ¿Por dónde ha de comenzar la lucha? Una tarde en que Blas conversara con Olivera, el jefe guerrillero extendió los brazos y le dijo: «Comenzaremos la lucha por aquí y por aquí.» En aquel momento pisaba tierra de las dos provincias.

Poco a poco se le van uniendo hombres llegados de distintas partes de las provincias, hombres que están convencidos de que el único camino para derrotar a Machado es levantarse en armas. Llega Francisco Negrín, que se había alzado en Morón y se quedó peleando en las lomas de Los Indios, Yaguajay. Negrín se convierte en el segundo jefe del Ejército de Liberación. Al poco tiempo se le unen Ramón Darias y Mario, hijo de Blas, que ha sido el ayudante del Dr. Pablo Hernández, ahora como ayudante de su padre. También forma parte del pequeño grupo un mecánico alemán de nombre Yonatán Yenovit, que se apareció en el campamento de guerrilleros cargado de armas y municiones y en donde llegó a conquistar el grado del teniente.

El plan del coronel Blas Hernández se va perfilando. Es el único guerrillero que queda en pie de lucha combatiendo activamente la dictadura machadista. Blas recorre los campos de los alrededores en campaña de captación. Su palabra sencilla y su honestidad le van sumando adeptos para la lucha revolucionaria. Su cordialidad y su cubanía le atraen las simpatías de los campesinos de la región que no sólo lo admiran sino que ven en el recio luchador a su jefe indiscutible. Ese imán es la fuerza que arrastra a los combatientes que lo siguen ciegamente. Se forman guerrillas de ocho y diez hombres al mando de un sargento o teniente, cuya finalidad es lanzar estas pequeñas fuerzas por toda la zona. Se forman treinta y dos guerrillas.

Desde distintos lugares y por diferentes vías les van llegando armas y pertrechos a los guerrilleros. Los amigos de la revolución, que son muchos, dicen presente. Hay hombres adinerados interesados en ayudar el levantamiento de Blas Hernández. El Dr. Benito Lage, boticario de Iguará; los Sánchez Bonachea de Sancti Spíritus; Primitivo

Sánchez, de Arroyo Blanco; el Dr. Frank Carrillo, de Remedios y el Dr. Arturo Vilela, médico, entre otros, son los encargados del suministro de armas y alimentos. Arturo Vilela llegó a ser el consejero y representante de Blas Hernández ante la Junta Revolucionaria de Miami.

En Santa Clara y Camagüey entran en operaciones los 300 hombres de Blas Hernández. Se combate en Majagua, Ciego de Ávila, Jatibonico, Sancti Spíritus, Yaguajay, Morón, Remedios, Fomento y Caibarién. En la finca El Martillo se lucha con vigor y valentía por ambas partes. Mueren el sargento Leyva y dos soldados; en Arroyo Blanco les quitan los caballos y las armas a las tropas gubernamentales mandadas por el teniente Pérez; en Los Hondones contra el teniente Bacallao, donde Negrín se apodera de los caballos y el armamento del ejército; en La Colmena contra el teniente de academia Rojas Meis; en Las Llanadas contra el teniente Morales y en El Cafetal contra el teniente Arias. A los soldados prisioneros, Blas Hernández los pone en libertad y les aconseja que no vuelvan a coger un Springfield del tirano para combatir a los guerrilleros de la libertad.

El Ejército de Liberación de Blas Hernández es el único que le hace frente a las tropas gubernamentales. Los combates se suceden, mientras en la capital y otras ciudades los grupos clandestinos utilizan el asesinato político y el terrorismo indiscriminado para combatir la dictadura. Las víctimas inocentes de estas tácticas criminales suman cientos. Atemorizado por la fuerza que está cobrando la lucha guerrillera, Machado ordena que el comandante Jiménez Fusté, de Santa Clara, salga en persecución de los guerrilleros. Fusté fracasa a pesar de los recursos que emplea en armas y hombres. En La Habana, la censura impuesta a la prensa y a la radio impide que el pueblo se entere de la lucha guerrillera. El gobierno de Machado, como el de todos los dictadores, utiliza el control de la censura para desacreditar a los guerrilleros.

La historia de Cuba, desde la época de la colonia hasta la tiranía comunista, está plagada de este tipo de propaganda gubernamental que sólo disminuye y desprestigia la reputación de las personas que la utilizan para defender la opresión. La estimación de una causa no se destruye con propaganda gubernamental, ésto es algo que nuestros dictadores y tiranos no han querido aprender de la historia. ¡Recordemos la propaganda de Batista para combatir a los rebeldes de Sierra

Maestra y la de Castro para combatir a los alzados de la Sierra del Escambray!

La soberbia y ceguera de Machado no le permitían tolerar las guerrillas de Blas Hernández. Para combatirlas no se le ocurrió mejor remedio que llamar a un hombre de la negra reputación de Arsenio Ortiz. Al triste y temido Arsenio Ortiz, quien se encontraba en el Campamento de Columbia, después que los escándalos que sus crímenes habían desatado en Oriente, se le encargó la misión de capturar vivo o muerto al coronel Juan Blas Hernández. La toma de Taguasco por los guerrilleros precipitó los acontecimientos. Con la suspensión del comandante Jiménez Fusté, llegó el nombramiento de Ortiz. Con dos mil hombres, veinte oficiales y setenta hombres en su Estado Mayor, Arsenio Ortiz emprendió la persecución del guerrillero invicto. Lo primero que hace Ortiz es publicar un bando ofreciendo $5,000 por la captura vivo o muerto de Blas Hernández. El jefe de la guerrilla no se hace esperar y responde: «Yo también doy $5,000 por Arsenio Ortiz.» Y le manda el siguiente mensaje: «Ud. sabe bien donde estoy, venga a buscarme.» Pero Arsenio Ortiz no se presentó.

A los pocos días de entrar en operaciones Arsenio Ortiz, el 19 de mayo de 1933, un grupo de guerrilleros entró en el central Jatinonico y se llevó las armas de los guardajurados. La respuesta de Ortiz, al enterarse, fue ordenar la ejecución de tres de los guardajurados. Las tropas del gobierno invaden los campos, pero Arsenio Ortiz ni captura ni extermina a Blas Hernández. En cambio, los guerrilleros estuvieron a punto de exterminar al jefe machadista. Ortiz necesita trasladarse con urgencia de Iguará a Venegas y no tiene otro medio de transporte que una «cigüeña» de línea. Lo acompañan tres soldados. Negrín y sus hombres están emboscados en la parte norte del puente de Jatibonico y por allí pasan sin que les disparen un tiro. Meluzá Otero preguntó a Negrín, «¿por qué no mataron a Arsenio Ortiz en esa oportunidad?» Y rápido el guerrillero le respondió: «Si matamos a Arsenio Ortiz no queda un guajiro vivo en todo aquello.»

Estando Blas Hernández con su Estado Mayor en Boca Chica es cercado por las tropas de Arsenio Ortiz. El cerco se va estrechando, comprometiendo la seguridad de los guerrilleros. Mario Hernández, que fuera ayudante de su padre, relata la forma en que lograron evadir el asedio de las tropas gubernamentales: «Desde el lugar donde estábamos acampados empezamos a ver soldados en grandes grupos. Al principio creímos que iban de recorrido. Atacarlos era descubrir nuestro campamento. En aquel momento eran pocos los hombres que teníamos. Los vigías empezaron a llegar precipitadamente diciéndonos que otras y otras fuerzas se acercaban. En seguida, campesinos llegaron al campamento, presos de alarma, informándonos que de todas partes se acercaban los soldados. Los hombres del Estado Mayor rodeamos al jefe. El se alejó un poco de nosotros. Me parece estarlo viendo. De pie, con una ramita en la mano, trazaba caprichosos dibujos sobre la tierra tratando de reproducir alguna operación insospechada. Estuvo así breve rato. Fue llamando a algunos de sus hombres. Las respuestas eran las mismas: «Por ese lado, coronel, no podemos irnos.» Así en todas direcciones, sus hombres le decían que no era posible escapar el cerco. «Bueno, si no podemos irnos por allí, ni por allí, ni por allí, ni por ninguna parte, nos iremos por ahí.» Y Juan Blas Hernández señaló al cielo. Efectivamente, escondidos en las ramas de los árboles, los hombres de Hernández desaparecieron milagrosamente. Evadido el cerco, aquella noche caminamos dieciocho leguas a pie hasta llegar a Los Mameyes. ¡Dieciocho leguas a pie! Pero Juan Blas no cayó en poder de Arsenio Ortiz y la guerra en la manigua continuaría hasta la huida del dictador. Al fin Arsenio Ortiz recibió la orden de regresar a La Habana. Regresaba derrotado.»

Juan Blas Hernández se negó a aceptar la amnistía que le fue ofrecida por Machado si abandonaba la lucha y entregaba las armas. El coronel Erasmo Carrillo Vergel, militar amigo de Blas, fue el encargado de llevar a cabo las gestiones conciliatorias. La entrevista se celebró el 10 de marzo de 1933 en la finca El Mamey, en Iguará y como resultado de la misma el jefe rebelde escribió al militar: «Como resultado de la entrevista que me honré de tener ayer con usted, tengo el honor de informarle lo siguiente: Mi condición de hombre no me permite aceptar nada del gobierno actual. Ahora bien, si el general Machado se encontrara en una celda en el Castillo del Príncipe yo sería capaz de irlo acompañar, pues resultaríamos sacrificados dos hombres, pero Cuba y sus habitantes se salvaban, que es por lo que yo lucho. Si se tratara de usted personalmente, no dudaría de sus ofertas, pero usted me ha hablado oficialmente y en nombre del gobierno del cual nada deseo. Yo y mis hombres estamos dispuestos a continuar en la misma actitud mientras no haya un cambio radical y por ningún motivo abandonaremos el territorio nacional pues estamos poseídos de un derecho por dos razones; una, por ser éste un gobierno ilegal, y otra, porque somos cubanos, unos por nacimiento y otros por naturalización. Además, somos dignos, honrados y estamos alzados en armas por reconquistar una nueva patria libre e independiente, según quisieron hacer nuestros antecesores.»Esta carta está firmada por Juan Blas Hernández como Jefe Revolucionario.

Aconsejado por el abogado de Morón, Esteban Rodríguez Herrera, por Antonio González de Mendoza y por Arturo Vilela, accedió Blas Hernández a suspender las hostilidades durante el tiempo que durara la Mediación. Pero antes suscribió en Jaronú un documento en el cual explica que recesa en sus actividades revolucionarias «esperando el resultado de la Mediación, a pesar de que no soy partidario de que manos extrañas tomen parte en los arreglos de nuestros problemas nacionales; primero, porque demostramos incapacidad propia para ello y segundo, porque ésta merma nuestra moral, ya que no podemos invocar una soberanía material que no existe, porque nos la enajena el Tratado Permanente llamado Enmienda Platt; no obstante, aceptar ingerencia es, desgraciadamente, reconocer la necesidad del Apéndice. Por esta circunstancia y otra a que no apunto, he tomado con disgusto esta actitud temporal mía. Si he venido a ella, ha sido por súplicas que han hecho los distintos sectores oposicionistas y también al conocer el lamentable final que ha tenido la J.R.C. al disolverse, y más que nada por el abandono en que me han tenido. Sin embargo, terminada la Mediación, si no es de mi agrado, volveré a mi postura primitiva, aunque como está ahora sólo cuento con la ayuda de los míos y la mía propia.» El documento anterior tiene fecha 15 de junio de 1933.

Comentando el documento de Blas Hernández, Meluzá Otero señala muy oportunamente: «Cuando el jefe insurrecto habla del <abandono en lo que han tenido> se refiere a la falta de recursos que tenía para la guerra. Dos años permaneció en la manigua, tenazmente perseguido. Pocos eran los que sabían de esta heroica hazaña. Puede decirse que hasta después de la caída de Machado no se conoció en Cuba la figura del caudillo de la manigua rebelde. En aquella época salieron a la luz pública otras instituciones revolucionarias. Pero éstas, con más o menos habilidad, lograron imponerse, unas por sus méritos propios, otras a golpes de audacia y arrivismo. Los que durante la guerra contra Machado permanecieron casi ignorados, fueron los revolucionarios de Juan Blas Hernández.»

El 19 de agosto de 1933 Juan Blas Hernández y su Estado Mayor hicieron su entrada triunfal en Morón. Manuel Pardo Jiménez repartió una alocución a los habitantes del Término Municipal de

Morón invitando al pueblo a participar en el recibimiento, «a fin de testimoniarle nuestra mayor adhesión y gratitud por su heroica labor que tesoneramente ha desplegado en los campos de la Revolución, habiendo obtenido la caída del hombre que más daño ha hecho a nuestra querida Patria.» Después vinieron Batista, Grau San Martín y Castro, que superaron a Machado en peculado, corrupción, torturas, asesinatos y fusilamientos. El domingo la Banda Municipal, el Cuerpo de Bomberos, los Veteranos de la Independencia, el comercio, los miembros del ABC y Unión Nacionalista y el pueblo, tributaron a Blas Hernández y a sus guerilleros «el más grande de los recibimientos efectuados en Morón:» Manifestaciones por las calles, bailes, retretas, almuerzo mambí, edificios engalanados, misa de campaña en el parque. Ante la imagen de la Caridad del Cobre, Patrona de Cuba, Juan Blas Hernández se arrodilla con su Estado Mayor mientras oficia el Reverendo Padre Ángel Hernández. Un avión, días después, lo condujo a La Habana.

En La Habana, Blas Hernández establece su campamento en Jesús del Monte. Allí le visitan políticos, hombres de empresa y comisiones de todo tipo. Su hijo, el teniente Mario Hernández, está a su lado y es testigo de mayor excepción de lo que sucede en la capital. Blas Hernández es un guajiro sano, leal y honrado y no está acostumbrado a las intrigas palaciegas. La Habana arde en rumores y la sangre corre por las calles. Su hijo Mario, al ver el ambiente de frivolidad en que tratan de envolverlo los viejos camajanes de nuestra política, los famosos bombines, le dice un día: «Esto no me está gustando, viejo. Por lo visto no se acaba nunca y yo no quiero pelear más. Vámonos de La Habana. Vámonos para el campo de donde vinimos.» El hijo no pudo convencerlo.

En La Habana, Blas Hernández es invitado a asistir a una reunión muy importante y le dice a su hijo que lo acompaña que no debe decir una palabra a nadie. Montaron en un auto que los condujo a casa de Cosme de la Torriente. Mario quedó algo apartado del grupo. Los reunidos secretamente eran personalidades connotadas de la política cubana: Mario García Menocal, Carlos Mendieta, Cosme de la Torriente y González de Mendoza. Nunca supo Mario lo tratado en aquella misteriosa reunión, pero dedujo que algo trascendental se estaba tramando. Al día siguiente otro auto condujo a Blas Hernández a la Embajada de los Estados Unidos. Allí lo esperaba González de Mendoza, quien le presentó al embajador Sumner Welles. Allí, cuenta

Mario, escuchó de labios del embajador las siguientes palabras: «Los Estados Unidos de América no reconocerán nunca este gobierno.»

53

El coronel Juan Blas Hernández y un corresponsal de *El País*.
(Archivo de Fabio B. Hernández)

CAPÍTULO IV

La entrevista hecha a Blas Hernández por el periodista Juan Repórter en *Bohemia* en octubre de 1933. Imagen física y moral del guerrillero.

En la revista *Bohemia* del 1 de octubre de 1933, en las páginas 25 y 54, aparece una entrevista con Juan Blas Hernández firmada por Juan Repórter, que tiene el sugestivo título de «Juan Blas, el rebelde» y contiene un retrato físico del guerrillero bastante exacto que nos permite acercanos a su personalidad tan distorsionada por la propaganda batistiana y estudiantil. Ante los rumores de que Juan Blas Hernández se había alzado tras su regreso a Camagüey y que sus fuerzas habían tenido un encuentro con el ejército de Batista, la opinión pública se intranquilizó. Se hablaba de muertos, heridos, prisioneros y alzados en fuga. Una comisión del Directorio Estudiantil Universitario se trasladó con urgencia a las campiñas de Morón en busca del rebelde para convencerlo de que debía deponer la actitud bélica.

Los estudiantes Antonio Viego Delgado y Carlos Martí viajaron como enviados del Directorio a Morón para tratar de entrevistarse con Blas Hernández. La noche de su llegada durmieron en el cuartel de la guardia rural. De madrugada salieron en busca del jefe guerrillero, a quien tardaron en encontrar debido a la resistencia de los campesinos, que se negaban a ofrecer información a los estudiantes. Acompañados, al fin, por un ayudante de Blas Hernández, llegaron al campamento rebelde situado en una zona montañosa. En una casita del monte lo encontraron y le plantearon que se reintegrara a la vida civil «porque los estudiantes del Directorio eran los que gobernaban ahora y nada tenía que temer.» Al gobierno de Grau, Batista y el Directorio, manipulado por Sergio Carbó, les preocupaba que Blas Hernández se alzara y se mantuviera en el campo donde contaba con el apoyo de la mayoría de los guajiros.

Blas Hernández aceptaba regresar a La Habana con las armas, pero Batista y Grau lo querían desarmado. Viego confesó al autor de este estudio que Blas lo recibió con cordialidad, pero que se mantuvo intransigente en sus puntos de vista. Blas Hernández simpatizaba con Miguel Mariano Gómez, Carlos Mendieta y con González de Mendoza lo unía una estrecha amistad. Es natural que no podía ver con buenos ojos un gobierno de advenedizos, y mucho menos, la alianza entre los sargentos que habían apoyado a Machado hasta el día de su caída y los estudiantes del Directorio Estudiantil Universitario. Del campamento de Blas, Viego y Martí fueron al apeadero de Falla para regresar a La Habana. Una vez en La Habana, en compañía de Turland Herrera, hijo de Carmela Nieto, que era el representante de Blas en ciudad capital, Viego y otra persona más fueron a visitar a Batista y a Grau para informales del resultado de su gestión.

Blas Hernández declaró que no había combatido «con la esperanza bastarda de obtener posiciones y bienestar, sino por el bien de la Patria, depauperada y pobre por ocho años de robos y asaltos a la Hacienda Pública.» Blas Hernández fue asesinado en el Castillo de Atarés por un miembro del ejército de Batista. No vivió lo suficiente para ver cómo Batista y sus sargentos, convertidos en generales por decreto, y los miembros del Directorio convertidos en gobierno Auténtico, dejaron a Machado chiquito en robos y asaltos a la Hacienda Pública y lo que es más triste, en torturas, crímenes y asesinatos. La generación del 30 depauperó a Cuba y lo que es peor, preparó las condiciones para que un pandillero profesional se convirtiera en tirano comunista por más de treinta años.

Juan Blas Hernández, con su presencia en La Habana, negó que estuviera alzado. Se presentó en la capital solo y afirmó que no era cierto que lo hubieran traído preso, ni que estuviera enfermo y recluido en una clínica: «Vine solo, nadie me cogió ni me trajo preso, ni hubo quien me convenciera. Me dijeron que la Patria estaba en peligro y que si yo dejaba el monte se salvaría y no pregunté más. Aquí me tiene. Por Cuba todo.» Juan Blas Hernández es enfático en sus declaraciones. «Yo no estuve alzado. De La Habana me fui con mis gentes y mis armas para descansar de la larga jornada contra Machado en mis fincas de Morón con mi familia. Llevaba la confianza del gobierno. Me proponía hacer un recorrido por la zona para ir imponiendo la normalidad en todos los lugares donde aun existieran agitaciones. Un día inicié ese recorrido. Estando en una finca celebrando una fiesta, lo que nosotros llamamos una <vaca asada> en unión de mujeres y niños, vino un amigo y me dijo: <Juan Blas, ahí se acercan unos soldados al mando del capitán Benítez y dicen que te van a coger.> A mí nadie me coge cuando yo no quiero que me cojan. Y levanté mi gente y me fui para el monte.» En ningún momento Benítez capturó a Blas Hernández. El jefe guerrillero declaró al respecto: «Yo no sé quien es el capitán Benítez, ni lo he visto en mi vida. Pero lo que sí sé es que es muy bobo para cogerme a mí. Dos años estuve frente a los que servían a Machado con mucho más tesón y entusiasmo que los que ahora están al servicio del Presidente Grau. Y no pudieron conmigo. Imagínese qué podría ese niño.»[3] De esta manera Blas Hernández explicó la conducta que motivó que en La Habana circularan rumores de que estaba alzado.

En esa entrevista negó también Blas Hernández que hubiera puesto ciertas bases para volver a su hogar. Entre él y el gobierno no ha habido ningún pacto. «Lo único,» agrega, «que le pedí al presidente Grau fue la libertad de trece muchachos que por orden expresa mía se dejaron hacer prisioneros para que yo pudiera seguir mi ruta por los montes. Una pequeña estrategia de este pobre jefe rebelde que no supo descubrir el capitán Benítez. Mientras este oficial se entretenía en registrar y desarmar a esos hombres, yo, que acababa de estar junto a ellos, seguía internándome en el monte. ¡Ah! También le hice saber al presidente que no entregaría las armas.»

Esta voluntad por parte de Blas Hernández de encubrir el levantamiento lidereado por él en Morón, en el barrio de Ranchuelo, que se dio en llamar «de las Vacas Asadas» en la prensa de la época, se debe a órdenes recibidas por él de los centros directivos de La Habana. Mario Hernández recuerda que acompañaron a Juan Blas Hernández numerosos amigos que habían estado levantados en armas durante el período contra el general Gerardo Machado, y que ahora se sentían defraudados por la contrarrevolución del 4 de Septiembre dirigida por el sargento Batista. Las personas que cayeron prisioneros en Arroyo Seco, municipio de Morón, en una escaramuza con la infantería de Columbia que, entre oficiales y soldados, consistía de unos 250

---

[3] En Cuba, en tono de choteo y guasa, más bien de burla, llamaban al capitán Benítez, que por obra de Batista fue ascendido a general, el Rommel del Caribe.

hombres comandados por el entonces capitán Manuel Benítez Valdés, fueron Germán Casares y su hermano Ramón, Herminio Moreno, Gayetano Iribarri, Manuel García Cárdenas, Rafael Zuaso, Ismael Travieso, Eladio Estévez, Arcadio Alzola y los hijos de Blas Hernández, Mario, Ramiro, y Fabio Hernández. En esa ocasión, Blas Hernández, conjuntamente con Francisco Negrín y su hijo José, rompieron el cerco y lograron burlar el mencionado cerco en una estrategia digna de la experiencia guerrillera de Juan Blas Hernández. Según el cronista, Juan Blas Hernández era amplio de pecho, de paso tardo, franca la sonrisa y tropelosa la palabra, la cara tostada por el sol, las manos rudas, callosas, que denuncian al campesino trabajador. Hombre rústico, es un complejo incomprensible de franqueza y reserva. Para el cronista, Juan Blas Hernández ocultaba algo. No quiso decir todo lo que sabía y pensaba. Es muy posible que Blas Hernández estuviera conspirando contra el gobiernos de Grau, Batista y los estudiantes. Sus entrevistas secretas en casa de Cosme de la Torriente con Mario García Menocal, Carlos Mendieta y González de Mendoza e inclusive con el mediador norteamericano, que se oponía al gobierno de los estudiantes, y lo que sucedió poco después en el Castillo de Atarés, hacen pensar que Blas Hernández estaba envuelto desde mucho antes en la conspiración. No se explica de otra manera su reserva y desconfianza, que es característica del guajiro cubano.

CAPÍTULO V

Datos biográficos sobre Blas Hernández. Testimonio de Mario Hernández sobre la lucha guerrillera contra Machado. El 4 de Septiembre y la actuación de Sergio Carbó así como de los miembros del Directorio Estudiantil Universitario. Los sucesos de Atarés narrados por Ricardo Adam Silva.

Nació Blas Hernández el 20 de enero de 1879, en Canasí, provincia de Matanzas, y murió asesinado por el ejército de Batista, en el Castillo de Atarés, en La Habana, después de haberse rendido, el 9 de noviembre de 1933.[4] Fue su padre Leandro Hernández, natural de España, emparentado con Alvar Núñez Cabeza de Vaca, y su madre Micaela Martínez, hija de españoles, nacida y criada en Canasí. «Siendo muy niño,» señala Ricardo Adam Silva, «se lanzó a la manigua redentora a luchar por la independencia de su Patria, y luego, en Cuba republicana combatió, primero la dictadura de Machado y después la de Batista, en cuyo empeño cayó alevosamente en la masacre del Castillo de Atarés.» De su matrimonio con María Bartola Peña Rodríguez, hija de Ignacio Peña y Julia Rodríguez, naturales ambos de Islas Canarias, tuvo diez hijos: Ramiro, Pablo, Juan, Leandro, Mario, Fabio, Yolanda, Homero, Luis y Ana Rosa. Nació María Bartola Peña Rodríguez, el 18 de febrero de 1885, en Cidra, provincia de Matanzas y murió en 1944.

Su hijo Mario Hernández, quien fue su ayudante y que lo vió morir asesinado en el Castillo de Atarés, nació el 20 de mayo de 1912, en el

---

[4] Los datos biográficos que se reproducen a continuación los he tomado del relato grabado, hecho por Mario Hernández, hijo de Blas, y de tres artículos publicados por Ricardo Adam Silva, en el *Diario de las Américas*, en noviembre de 1975, en la columna de René Viera (Nota del autor).

central Gratitud, siendo inscripto en el pueblo de Manacas, provincia de Las Villas y bautizado en la iglesia de Santo Domingo. Cuando Mario nació, Blas Hernández administraba una colonia de caña en Rosa María, provincia de Las Villas. Su trabajo favorito era la administración de fincas cañeras. De Rosa María, la familia se mudó a la ciudad de Morón, en la provincia de Camagüey. En 1920, Blas Hernández desempeñó el cargo de administrador de un terreno de ochenta caballerías en la zona de Manga Larga, con el objeto de convertir esos terrenos incultos en cultivables. El proceso de tala y de acondicionamiento duró tres largos años. En Morón comenzó a trabajar con el doctor Rodríguez Herrera, abogado, con bufete en dicha ciudad. Como experto en tierras, el trabajo de Blas Hernández consistía en examinar y valorar las fincas que se compraban y vendían.

El 20 de mayo de 1912 comenzó la sublevación dirigida por Evaristo Estenoz y Pedro Ivonet, que habían sido comandante y general del Ejército Libertador, sublevación que se conoce como la «Rebelión de los Negros,» pues tomaron parte en la misma un número de hombres de este grupo. Durante la sublevación, Blas desempeñó el cargo de teniente de milicias, donde se entrenó en la táctica de la guerra de guerrillas, que pondría en práctica más tarde en su lucha contra el régimen de Machado.

Durante el gobierno de Gerardo Machado, éste decidió no sólo reelergirse, sino que según la reforma de la Constitución, su gobierno que debía terminar en 1931, se extendía hasta 1935, aunque se mantuvo la prohibición de reelección para el futuro. La reelección de Machado originó grandes protestas y la mayor parte del país empezó a conspirar contra el gobierno. Los partidos políticos tradicionales, gran parte del estudiantado, y la organización secreta ABC encabezaron la oposición violenta al régimen de Machado. Blas Hernández ingresó en el Movimiento Unión Nacionalista del norte de la provincia de Camagüey, grupo que estaba integrado entre otros por Ramírez Sibello, Manuel Oliva, Rodolfo León, el Dr. Pérez Corcho, Claudio Hernández, Juan Callero, Sánchez Bajito, y que presidía el médico Pablo Hernández, amigo personal de Blas.

Pablo Hernández hizo de Blas Hernández su hombre de confianza y su segundo en todos los quehaceres de la organización que se alzarse contra Machado. Se compraron armas y se distribuyeron a distintas personas en el campo en la lucha contra Machado. A Blas le habían llegado rumores de que su hijo Mario participaba en los disturbios estudiantiles de oposición al régimen, convirtiéndose éste muy pronto en el hombre de confianza de su padre. Un día Blas llamó a Mario, y muy reservadamente le comunicó que a pesar de su juventud lo habían designado para que trasladara a Pablo Hernández a la capital de Camagüey, donde se iba a celebrar una reunión entre los jefes provinciales, cuyo objetivo era determinar la fecha del alzamiento contra Machado.

Pablo Hernández no tenía automóvil y no sabía manejar. En una cuña marca Overland, de dos asientos, se trasladaron a Camagüey para asistir a la reunión, que estuvo presidida por el coronel del Ejército Libertador Aurelio Hevia. Al regresar, Pablo Hernández le preguntó a Mario, «¿No tuviste miedo de que te prendieran o te matasen junto conmigo?» A lo que Mario contestó no rotundamente y recordó una frase que dice: «Los valientes mueren una vez, al contrario de los cobardes que mueren muchas veces.» Como es de suponer, Blas esperaba el regreso con ansiedad y al encontrarse con su hijo, le preguntó si todo había salido bien. Mario le contestó, «Sí, todo salió bien.»

Pasaron algunos meses de preparación, y el domingo 9 de agosto de 1931, paseaba Mario con tres amigos por el parque de Morón, cuando vió en una esquina, esperando, a su padre que lo venía a buscar. Se despidió de sus amigos, y en el camino su padre le informó que esa noche se efectuaría el alzamiento. Mario recuerda que se deshizo del bastón, del saco y el sombrero de paja. No tuvo tiempo para cambiarse de ropa y así se lanzó al campo de la revolución. Se reunieron en la lechería de Ramón Rodríguez a recoger un alijo de armas que con anterioridad había trasladado a ese lugar Claudio Hernández, hermano de Pablo Hernández, y Fabio, el hermano menor de Mario. De allí se trasladaron a pie hasta la casa de Espinosa, donde las fuerzas alzadas contaban con veinticinco caballos. Blas Hernández se accidentó con un alambre de púa, infectándosele la herida. Los caballos no alcanzaron para todos y Pablo Hernández compartió su caballo con Mario, el hijo de Blas.

Ranchuelo fue el primer pueblo que tomaron y allí se le unieron varios hombres; después Tamarindo, que contaba con una estación de correos, cayó en poder de las fuerzas de Blas Hernández. De Tamarindo se dirigieron a Florencia; en el camino, el jefe Pablo Hernández le encomendó a Mario que contara la cantidad de tropas y el número de hombre armados con que contaban. Mario contó 418 hombres a caballo, de los cuales, sólo 210 estaban armados con escopetas, pistolas y revólveres de diferentes calibres. Muchos, la gran mayoría, estaban provistos de machetes y cuchillos. Este alzamiento se caracterizó por el hecho que cada soldado tenía que comprar su equipo militar o agenciárselo como pudiera. Mario le informó a Pablo Hernández que el armamento de que disponía la tropa era una miscelánea de cuantas marcas y calibres existían, a lo cual contestó Pablo Hernández que en el combate sonarían igual que una orquesta.

Entre las diez y doce de la mañana de ese día, tuvieron conocimiento de que se acercaban tropas enemigas. Media hora más tarde confirmaron que se trataba del escuadrón número 33 de la Guardia Rural de Morón y que al frente del mismo venía el capitán García Fonseca. Como a las dos y media de la tarde se establecieron los primeros contactos y el fuego comenzó después de una hora. Ante el fuego del escuadrón de la Guardia Rural de Morón, los rebeldes se retiraron en desbandada. Este primer encuentro no fue nada favorable a los alzados, debido a la heterogeneidad de la tropa, compuesta por un personal que en muchos casos nunca había escuchado el disparo de un tiro. También los rebeldes tuvieron en su contra al ganado que se pastoreaba en ese lugar en número de mil, que al escuchar los primeros tiros se dio a la estampida, convirtiendo el campo de batalla en una locura de ruido y movimiento. En el campo de batalla murieron los rebeldes el doctor Mario Hernández, médico del pueblo de Tamarindo, Daniel Dimas y Esteban Recino. Este combate se llevó a cabo en la finca Guaranal entre Tamarindo, Guadalupe y Florencia.

Después de la acción anterior, el gobierno de Machado lanzó un llamado a la cordialidad y a la paz, para que todos los que quisieran regresar a sus casas lo pudieran hacer sin ser molestados. Muchos regresaron, entre ellos, el jefe Pablo Hernández y Mario, el hijo de Blas, que había perdido el contacto con su padre, debido a la dispersión que tuvo lugar después del primer combate. Mario regresó a su casa y también su hermano Juan, que se había unido al alzamiento. No así Blas Hernández y su acompañante José de la Paz Díaz que fueron a parar a una finca propiedad de Rafael García, quien acompañado de sus familiares con gran cariño y afecto les proporcionó abrigo y ayuda de todas clases. En casa de los García, Blas Hernández se curó de la herida que tenía infectada y que le impedía caminar con normalidad.

El combate del Guaranal se produjo el 12 de agosto de 1931, y habían pasado dos meses sin que la familia de Blas Hernández tuviera noticias de su paradero. Mario consultó con su hermano Juan acerca de la acción a seguir y éste le contestó: «Yo soy casado y tú soltero, creo que eres el indicado para moverte con más libertad.» Mario se dió a la tarea de localizar el paradero de su padre y con el Dr. Eduardo Montero hizo contacto con el Dr. Benito Lage, farmacéutico de Iguará de la provincia de Santa Clara, que tenía conocimientos de que Blas Hernández operaba en las montañas al sur. Mario comunicó a su madre y hermano que salía en busca de su padre. En compañía de Lage, Mario se trasladó unas cincos lenguas de distancia donde vivía el Niño Cervantes, quien lo acompañó al día siguiente hasta la casa de los González. Al tercer día salieron rumbo al sur y después de veinte horas de camino, llegaron a la finca de Rafael García, que estaba dividida por el río Jatibonico. En la finca de Rafael García se sembraba tabaco, yuca, malanga, ñame, maíz y plátano. Había una gran vaquería y todos sus productos se dedicaban a la fabricación de queso. También tenía una buena cría de cerdos.

En septiembre de 1931 Blas Hernández llegó a la finca de Boca Chica, propiedad de Rafael García. Su Estado Mayor se componía de unos quince hombres: Blas Hernández, jefe; Francisco Negrín García, segundo jefe; José Soto Cervantes, comandante jefe de administración; Miguel López Ríos, teniente ayudante; Mario Hernández Peña, hijo de Blas, ayudante; Eduardo Camacho Casariego, capitán; José de la Paz Díaz, capitán; Eugenio Abreu, capitán; José Negrín, sargento; un hijo de Rafael García, capitán. En su Estado Mayor, Blas Hernández tenía varios consejeros civiles que estaban representados por Rafael García.[5] Se constituyeron grupos de diez hombres primero, que según avanzaron las operaciones llegaron ser hasta quince. Todos los grupos tenían al frente un capitán. Entre los jefes de grupos figuraron: capitán Manuel Salas Pizarro, muerto en acción, él y todo su grupo; el capitán

---

[5] Además de los oficiales mencionados, el Estado Mayor de Juan Blas Hernández incluyó a los capitanes Jonathan Jeenovich [sic?], Eufemio Rodríguez, Genaro Marín, Rogelio Hernández y Bonifacio Conde, a los comandantes Juan y Maximiliano Bermúdez y el Segundo Jefe de la Brigada Sur de Trinidad, Pompilio Viciedo, Gerardo Meneses, y al Dr. José Antonio Rodríguez, lugarteniente.

Eduardo Camacho pasó a ser jefe de un grupo de guerrilleros; y el segundo jefe Francisco Negrín García pasó a ocupar y dirigir una guerrilla. Las operaciones del ejército se intensificaron de tal forma en todos los frentes que hasta Blas Hernández comandó su grupo, es decir, que con su Estado Mayor se lanzó a combatir.

Blas Hernández estableció contacto con Pompilio Viciedo, Eloy Correa y otros de Sancti Spíritus con el fin de organizar guerrillas en Fomento, Trinidad y Santa Clara. Para fines del año 1932, Blas Hernández tenía treinta y dos guerrillas compuestas de quince hombres. Todos estaban bastante bien equipados y cada grupo tenía su capitán, teniente, sargento, cabo y sus soldados.

En junio de 1933, Mario Hernández tuvo que quedarse en casa de Manuel Padrón, natural de Islas Canarias, por encontrarse enfermo, debido a que estaba invadido de abujes entre las piernas, los cuales les producían terribles dolores. Con él se quedaron haciéndole compañía Epifanio Sosa y José Costiello Fuentes. Repuesto y curado, trató de reunirse con la tropa de su padre, pero cayó en una emboscada compuesta de veinticinco soldados al mando del teniente Rodríguez Pérez del cuartel de Jatibonico. Esto sucedió en la finca Los Olivos propiedad de Miguel Mariano Gómez. Trasladado al cuartel de Arroyo Blanco, al día siguiente fue llevado a Sancti Spíritus. En la cárcel recibió órdenes de Blas Hernández para que se dirigiera, una vez puesto en libertad, a la casa de los hijos del general de la Guerra de Independencia Serafín Sánchez, los cuales lo protegieron y lo condujeron a la finca de Boca Chica.

Mientras se efectuaban choques y combates entre los alzados y las tropas del gobierno, Francisco Negrín García, segundo jefe, al mando de su grupo guerrillero, sostuvo un combate con el ejército en la finca Los Hondones, donde perdió a su lugarteniente Toribio González Mayo. Una semana después en la finca La Cotanera, Negrín volvió a tener otro encuentro, siendo herido en un muslo. Era difícil saber si el enemigo tenía bajas en estos encuentros esporádicos. En la finca El Martillo, provincia de Camagüey, se produjo un encuentro donde murieron por parte del ejército el sargento Leyva y dos soldados que fueron abandonados por sus compañeros en el campo de batalla. Por parte de los rebeldes murió Martín Cervantes y Cervantes. Otro caso de abandono de muertos en el campo de batalla tuvo lugar en las montañas de Sancti Spíritus, conocidas por El Jíbaro, donde el ejército dejó abandonados a cinco soldados muertos. Este combate fue dirigido por el capitán rebelde Pompilio Viciedo.

Blas Hernández ordenó al capitán Manuel Pizarro la toma del pueblo de Taguasco, lo cual realizó con éxito, retirándose posteriormente a las montañas. También ordenó a los capitanes Epifanio Sosa y Eduardo Camacho Casariego que tirotearan los trenes de la Línea Norte. Al tomar las guerrillas la ofensiva en las provincias de Santa Clara y Camagüey, el gobierno de Machado nombró jefe de operaciones militares en dicha zona al temible Arsenio Ortiz, bien conocido por sus torturas y asesinatos a la población civil.

Arsenio Ortiz, al frente de veinte pelotones –cada uno al mando de un capitán o un teniente– trató por todos los medios a su alcance de exterminar a Blas Hernández y sus hombres, estableciéndose combates diariamente en las provincias de Camagüey y Santa Clara. Arsenio Ortiz ofreció cinco mil pesos por la captura de Blas Hernández, vivo o muerto. Pero los campesinos no sólo lo protegían sino que lo ocultaban y el ofrecimiento no encontró respuesta. Diariamente se combatía y murieron muchos guerrilleros en los distintos combates. Entre ellos figuraron el capitán Salas Pizarro, el teniente Artiles, el capitán Eugenio Abreu, el sargento Luis Dimas, el teniente Luis Obregón Bravo, el sargento Pedro Aragón, los soldados Juan León y Pedro Carmenate y muchos otros.

Arsenio Ortiz no pudo capturar a Blas Hernández ni exterminar las guerrillas que cada día aumentaban en cantidad y calidad. Su paso por la zona de operaciones dejó un rosario de torturas, muertes y asesinatos de campesinos. En Jatibonico asesinó a tres guardajurados. Llamado a ocupar su puesto en el Estado Mayor, sus medidas fueron contraproducentes y dejaron una estela de odios y resentimientos en la población campesina y civil. Su paso por la zona de operaciones fortaleció la posición de Blas Hernández, quien se convirtió en el símbolo de la resistencia y lucha armada contra Machado.

Ante el fracaso de Arsenio Ortiz, el gobierno de Machado nombró al coronel Erasmo Carrillo Vergel para que se entrevistara con Blas Hernández con el fin de suspender las operaciones militares. Para realizar dicha entrevista se produjo una especie de armisticio y se suspendieron las operaciones militares. El gobierno, a cambio de la paz, ofreció grandes sumas de dinero para Blas Hernández y todo su personal, ofreciéndoles además la salida del país a todos los que la solicitaran. Después de escuchar a sus consejeros y asesores, Blas

Hernández accedió a la entrevista que se celebró en la finca El Mamey, propiedad de Hipólito Martínez. Aquella reunión era el reconocimiento del gobierno de Machado a la guerrilla de Blas Hernández. A partir de ese momento Blas Hernández fue reconocido como el enemigo más poderoso de Machado.

La entrevista entre Carrillo y Hernández se celebró el segundo día del armisticio. Blas Hernández tenía ocho días para poder replegarse a lugares más seguros en las montañas, dado el plazo de tregua de diez días. La entrevista se efectuó debajo de una pequeña mata de guásima y duró una hora. Los últimos veinte minutos fueron una conversación privada entre Blas Hernández y Carrillo Vergel. Blas Hernández convocó a una reunión en la montaña a todos sus oficiales, clases y soldados para darles a conocer los pormenores de la respuesta y someterla a votación. Todos fueron unánimes en rechazar la propuesta del gobierno presentada por el coronel Erasmo Carrillo Vergel. Juraron los guerrilleros delante de la bandera morir peleando junto a su jefe antes que rendirse.

Se levantó el acta de rigor, firmada por el comandante de administración del Estado Mayor de Blas Hernández, José Soto Cervantes y por todos los oficiales, clases y soldados. Se contestó por escrito, y el original le fue enviado al coronel Erasmo Carrillo. El acta es un documento en que se hacen contar todos los pormernores de la entrevista y por parte del gobierno está firmada por el coronel Erasmo Carrillo Vergel, y dos capitanes, así como tambien por un sargento taquígrafo.Como mediadores civiles firmaron Hipólito Martínez, propietario de El Mamey en Las Villas, y Rafael García, propietario de Boca Chica. Al producirse la Mediación, el embajador de los Estados Unidos, Sumner Welles, nombró a Antonio González de Mendoza para que se entrevistara con Blas Hernández. Desde hacía tiempo, Blas Hernández mantenía contactos con Francisco Lequerica, médico de la ciudad de Remedios. La entrevista se llevó a cabo en la finca Guajabana de Francisco Carrillo Ruiz, en la zona de Remedios. Pocos días después, Blas Hernández se entrevistó con una comisión que representaba a la Junta Revolucionaria y que estaba presidida por Arturo Vilela, prestigioso catedrático de Medicina de la Universidad de La Habana.

Hay un testimonio muy elocuente en el reportaje del corresponsal del diario *New York Times*, del domingo 2 de julio de 1933. Según declara Ricardo Adam Silva, «cuando Blas Hernández le manifestó a

J.D. Phillips que seguiría en la lucha aún en el caso de que los americanos apoyaran a Machado, éste termina su reportaje opinando que las bien equipadas fuerzas del coronel Juan Blas Hernández podrían ser un obstáculo para los planes de mediación del embajador Welles. Pero después dice el diligente corresponsal que ha tenido noticias extraoficiales desde el campo rebelde, que su líder ha significado su buena voluntad de suspender las operaciones en espera de los resultados de la Mediación.»

Más adelante Ricardo Adam Silva aclara y completa: «Por indicaciones de su gran amigo don Antonio González de Mendoza y de la Junta Revolucionaria de Nueva York, [Blas Hernández] accedió a suspender sus actividades bélicas durante la Mediación, pero consignando sus reservas. En principio está opuesto a esa gestión, como consta en un documento histórico que suscribió, y que comienza así: «En este día 15 de junio de 1933, en Jaronú, Camagüey, hago receso de mis actividades revolucionarias sin haber entregado las armas y en espera del resultado de la Mediación. Quiero dejar constancia histórica de que no soy partidario de que manos extrañas tomen parte en los arreglos de nuestros asuntos internos.» Siguen otras manifestaciones en el mismo sentido, y se concluye de este modo: «Sin embargo, terminada la Mediación, si no son de mi agrado sus resultados, me reservo el derecho de continuar con mi postura rebelde aunque para mantenerla cuente sólo con la ayuda de los míos y la mía propia.» Como estamos viendo, Blas Hernández mantiene sus principios nacionalistas.

Al escapar Machado, el coronel Juan Blas Hernández hizo una entrada triunfal en Morón, siendo recibido con todos los honores: una caballería de 2,000 hombres le hizo guardia de honor, hubo música, comidas populares, misas, y el pueblo salió a la calle para recibirlo como un héroe. Habían transcurrido dos años desde el 9 de agosto de 1931, cuando Blas Hernández tomó la determinación de alzarse en armas contra la dictadura de Machado. A los pocos días de encontrarse en Morón, Blas Hernández recibió una invitación para trasladarse a La Habana. El coronel Blas Hernández se fue para la capital y tuvo su campamento en el barrio de Jesús del Monte.

El periódico *El País* reporta el encuentro de Blas Hernández con el doctor Céspedes con lujo de detalles. Fue su introductor, hasta el despacho presidencial de Céspedes, el señor doctor Antonio González de Mendoza, mensajero del embajador nortemericano Welles, quien logró la presentación provisional del caudillo villareño. Acompañado de los señores Raúl Pardo, socio personal suyo, y de Rogelio Salabarría, amigo íntimo, Blas vestía su uniforme de campaña: botas, pantalón de montar, camisa azul, pañuelo al cuello sujeto por un ancho anillo de oro, tejano en la dieztra y un 38 niquelado en el cinto todo lleno de balas. Cerca de media hora duró la conferencia de Blas con el Jefe de Estado, en presencia de los acompañantes del primero. El libertador caudillo, como premio a sus esfuerzos revolucionarios durante el Machadato, recibió un fuerte y expresivo abrazo del señor Presidente de la República quien, asimismo, tuvo frases llenas de aliento y cariño para el General [sic] Blas Hernández. Este le expuso que conforme antes estuvo siempre presto al derrocamiento del gobierno de Machado, lo estaría ahora para el afianzamiento del actual, considerando que su deber patriótico estaba, precisamente, al lado de su amigo el Coronel Céspedes.

Blas, al salir del elevador presidencial, fue saludado por los periodistas. A todos estrechó la mano con una frase de rigor «Con mucho honor,» y les refirió una breve historia de su campaña revolucionaria en Sancti Spíritus, Mayajigua y Trinidad, lugares donde, con mil doscientos hombres, había combatido a todos sus perseguidores. Del Comandante Arsenio Ortiz dijo que solamente pudo estar dos días en aquellas zonas rehuyendo siempre los encuentros. Blas expuso también cómo sufrió bastantes bajas en sus escaramuzas con el ejército al que igualmente causó grandes pérdidas de hombres, caballos y armamentos. Los periodistas norteamericanos acreditados en Cuba que llegaban en ese momento saludaron y felicitaron al jefe insurrecto.

Blas Hernández pronto se encontró envuelto en mil conspiraciones distintas. Los políticos querían el poder para satisfacer sus ambiciones personales y enriquecerse de manera ilícita como se demostró más tarde. A nadie le importaba la patria, el lucro justificaba los cambios de actitudes más radicales. Aquél no era el ambiente de Blas Hernández y fue víctima de las conspiraciones y de los bombines que maniobraban para repartirse el pastel gubernamental. La caída de Céspedes le abrió paso a la chusma cuartelera y política, y Cuba fue gobernada por sargentos machadistas, estudiantes analfabetos y políticos arribistas e inescrupulosos.

En La Habana, Blas Hernández se entrevistó con Cosme de la Torriente, con Mendieta y Menocal, con el embajador norteamericano Sumner Welles, con Antonio González de Mendoza, y con Batista y

Grau San Martín. De la visita a Batista y a Grau San Martín se conservan fotografías que se han publicado en varios libros que tratan de estos acontecimientos. «La épica campaña del coronel Blas Hernández,» señala con toda justicia Ricardo Adam Silva, «fue poco conocida de la ciudadanía, porque carecía de propaganda organizada, y por eso sus proezas no tuvieron la publicidad que merecía, y que han tenido otros indebidamente.»

Y llegamos al 4 de septiembre, fecha muy importante, en la cual Sergio Carbó jugó un papel importante, ya que él movió los hilos de la conspiración y es el responsable principal del fin de la república. Antes de seguir adelante, hay que recordar que un grupo de sargentos, el 10 de octubre de 1930, «en representación de los alistados,» habían organizado en el Campamento de Columbia un almuerzo homenaje a Gerardo Machado. Al llegar a Columbia, Machado fue saludado por los sargentos que integraban la comisión organizadora del homenaje: Pablo Rodríguez, Gonzalo García Pedroza, Otilio Rojas, Ladislao Suárez, Pedro Rojas y Aquilino Guerra.

El 19 de agosto de 1933, Sergio Carbó hace un llamado urgente para que Antonio Guiteras se presente en La Habana con urgencia. En la capital, Guiteras permaneció hasta el 30 de agosto. El 21 de agosto, Pablo Rodríguez, organizador del homenaje a Machado, en compañía de Fulgencio Batista, Manuel López Migoya, José Eleuterio Pedraza y otros alistados, después de celebrar una reunión en la Gran Logia Masónica en la calle Carlos III, decidieron visitar a Carbó, director de *La Semana*, para pedirle «ayuda y cooperación.» Le enseñan el manifiesto que habían redactado, pidiendo aumento de salarios, mejoras en la comida y en el trato, y el «derecho de usar polainas de cuero y gorras de plato como oficiales.» La tropa, como señala Raúl Roa, estaba empavorecida ante el pregonado licenciamiento de numerosos soldados, cabos y sargentos «complicados en atropellos y crímenes» en la administración de Machado. Pero Sergio Carbó les aconsejó «estrechar relaciones con los alistados del interior y conectarse con el Directorio Estudiantil Universitario.» Carbó no creyó necesario publicar el manifiesto, pero les prometió publicar un artículo. El día 26 de agosto apareció en *La Semana* el famoso escrito de Carbó exhortando a los «estudiantes, obreros y soldados a la Revolución que no ha comenzado todavía.»

Asesor de los estudiantes y consejero de los sargentos, Carbó se convirtió en el hombre clave del 4 de Septiembre de 1933. En su casa,

Antonio Guiteras conoció a Fulgencio Batista, a Mario Alfonso Hernández y a Ángel Echevarría. En casa de Carbó, Guiteras, antes de regresar a Oriente el 30 de agosto, se entera de que un grupo de oficiales «no maculados» conspira con el Directorio contra el régimen de Carlos Manuel de Céspedes. Hay que dejar en claro que los miembros del Directorio Estudiantil Universitario conspiraban con oficiales, no sargentos. Raúl Roa afirma que «Pro Ley y Justicia era la única agrupación revolucionaria previamente informada de la insubordinación en proceso.»

Rubén de León, miembro del Directorio, en la página 301 de su libro *El origen del mal*, cuenta cómo se enteró del golpe del 4 de Septiembre: «El 4 de septiembre de 1933, viviendo en el Hotel Inglaterra, el estudiante Arturo Sacasa Olivé nos trajo el recado de parte del sargento Batista, para que inmediatamente nos trasladáramos al Campamento de Columbia, y formáramos parte de la «Junta Revolucionaria» que se quería constituir porque ellos, en representación de las clases y soldados, habían destituido al Presidente Céspedes con un golpe militar. Se encontraban reunidos en Columbia, citados también por los sargentos Batista, Pablo Rodríguez y Mario Alfonso Hernández, los doctores Ramón Grau San Martín, Gustavo Cuervo Rubio, Carlos de la Torre y Huerta, Guillermo Portela Múler, Sergio Carbó, Carlos Hevia, Pablo Carrera Justiz, José Miguel Irisarri, Oscar de la Torre, Carlos Prío Socarrás, Juan A. Rubio Padilla, Guillermo Barrientos y algunos pocos más cuyos nombres no recordamos.»

Rafael García Bárcena y Justo Carrillo se enteraron en casa de Juan Antonio Rubio Padilla de que se estaba «celebrando una reunión de sargentos, cabos y soldados en Columbia.... Ante tales informaciones, resolvimos trasladarnos al campamento.» Prueba de que desconocían la conspiración de los sargentos. Desconocimiento que confirma Juan Antonio Rubio Padilla cuando afirma «en el orden estrictamente personal mío, fue mi primer encuentro con Fulgencio Batista, con Pablo Rodríguez, con Mario Alfonso Hernández y otros muchos dirigentes del movimiento.» Por eso Ricardo Adam Silva es categórico cuando afirma con toda razón: «Aunque el Directorio Estudiantil Universitario lo haya expuesto en la proclama del 5 de septiembre, hecha en el campamento de Columbia, que hubo antes relaciones con los alistados, ello no es cierto. Nada tuvo que ver el Directorio con el motín, pues se adhirió después del hecho consumado.»

Incluso Emilio Laurent, quien podría titularse como jefe militar e insurreccionalista del DEU, confiesa: «Mientras desarrollábamos todas esas actividades...nos sorprendió el 4 de Septiembre de 1933. En la génesis primera de este movimiento, creo que solamente participaron del campo civil algunos elementos de las agrupaciones revolucionarias Pro Ley y Justicia y ABC Radical, donde figuraba Oscar del Torre.» Continúa el testimonio de Laurent: «Que yo sepa, el Directorio Estudiantil Universitario no conspiró entonces con los sargentos que se sublevaron,» a lo que añade, «los rumores me sorprendieron en compañía de José Morell, a primera noche del 4 de septiembre,» y «llegué a Columbia de diez y media a once de la noche, y allí me encontré el campamento sublevado, al sargento Batista dirigiendo el movimiento, dando instrucciones y recibiendo las adhesiones de los demás distritos militares.» Laurent concluye: «En aquel momento, todavía todo giraba alrededor de reivindicaciones de clase, exclusivamente dentro del ejército.» No es cierto que el Directorio Estudiantil Universitario estuviera conspirando con los sargentos antes del 4 de septiembre de 1933. Como señala Lionel Soto, el Directorio Estudiantil Universitario de un plumazo borró las huellas de sus relaciones con la oficialidad joven, relaciones que se remontaban al 24 de agosto o algo antes, tal vez.

Esa madrugada fatal para el destino de Cuba, los jóvenes del Directorio Estudiantil Universitario cometieron una doble traición, al abandonar a los oficiales con los cuales conspiraban y al aliarse con los sargentos que habían homenajeado a Machado. Ese abrazo entre los jóvenes universitarios que habían combatido a Machado con los sargentos que sirvieron al tirano hasta que huyó de Cuba, es el inicio de la desintegración democrática de Cuba. De esa fecha arranca «la dictadura cuartelera» tantas veces denunciada por Ricardo Adam Silva.

En octubre de 1933, Blas Hernández había sido citado por el embajador Welles a la embajada norteamericana donde celebró una entrevista muy cordial, estando de acuerdo ambos en lo tratado acerca de la política nacional. Se despidieron con fuerte abrazo. Después fue recibido por Carlos Manuel de Céspedes, por Carlos Mendieta, por Mario García Menocal, y por ministros y decenas de personalidades que deseaban conocerlo. Tengamos presente que Blas Hernández se entrevistó en secreto en la casa de Cosme de la Torriente, con la mayoría de los dirigentes opositores, sin que hasta la fecha se haya revelado el contenido de tales conversaciones.

El relato que sigue a continuación sobre los sucesos de Atarés, fin de la trayectoria insurrecta de Blas Hernández, lo tomo casi al pie de la letra del libro de Ricardo Adam Silva *La gran mentira*, por ser el más completo y verídico de los publicados hasta la fecha sobre este período clave de la historia nacional. «La iniciativa del movimiento armado que produjera las jornadas sangrientas del 8 y 9 de noviembre de 1933, contrario a lo que cree la generalidad de los cubanos, no corresponde al Partido ABC, sino a un grupo de alistados del propio Campamento de Columbia y del Cuerpo de Aviación, los cuales estuvieron planeando un golpe que debía haberse producido el 12 de septiembre, o sea una semana después del famoso día cuatro, con el fin de traer de nuevo al seno del Ejército a los oficiales dignos, que lo eran casi todos.»

Los sombríos eventos ocurridos en Atarés son continuación de la acción comenzada en el Cuartel de San Ambrosio. «Como en San Ambrosio no se podía resistir más, el comandante Ciro Leonard decidió retirarse al Castillo de Atarés, desde cuyo lugar era llamado con insistencia por el teniente Pedro Gener Núñez, que había asumido el mando de la tropa que lo guarnecía. Al conocer esta decisión, Blas Hernández y el primer teniente del Ejército Nacional José Otero Santamarina, se opusieron alegando que no se debía incurrir en el error del Hotel Nacional, y le propusieron abrirse paso hacia la provincia de La Habana, para reorganizarse y volver contra la capital cuando hubiera acopio de elementos de guerra y más hombres. Blas Hernández quería ir a las lomas de Managua y el teniente Otero hacia las de Jaruco; pero el comandante les mostró un radiograma firmado por el coronel del Ejército Nacional Amiell, en el que se aconsejaba que se replegara hacia el Castillo de Atarés, mientras él se dirigía hacia La Habana con cinco mil hombres reclutados en la provincia de Las Villas además de las tropas regulares.»

Tras este reporte de la momentánea disensión entre las fuerzas rebeldes, Adam Silva señala «He aquí aclarado por qué hubo concentración en Atarés. Ese radiograma no se sabe bien si fue apócrifo o verdadero, pero fue la clave de un final desastroso. Resuelto, pues, el repliegue sobre Atarés, esa noche se cargaron los camiones disponibles con material de guerra. Y las tropas sublevadas, con los abeceístas y la gente de Blas Hernández, emprendieron la marcha hacia el desastre.»[6]

Concluida la narración de los pormenores bélicos, el historiador recuenta los postreros momentos de la tragedia de Atarés: «Cuando todo estaba perdido, el comandante Leonard, militar pundonoroso y digno, se impresionó mucho al recibir la noticia –que resultó incierta– de haberle sido vaciado un ojo de un balazo a un hijo suyo, y en un arranque de desesperación se privó la vida, dándose un pistoletazo a eso de las dos de la tarde. Ineficaces fueron las arengas del capitán de artillería Felipe Domínguez Aquino para levantar el ánimo de los sitiados y reorganizar la resistencia. Cerca de las tres de la tarde, a pesar de los esfuerzos de los demás oficiales y el coronel Blas Hernández, un grupo de civiles, horrorizados por las escenas dantescas que se contemplaban en el Castillo, se lanzó afuera enarbolando banderas blancas; pero ni eso los salvó, porque fueron ametrallados despiadadamente.»

El relato cierra con el asesinato a mansalva que se efectuó tras la rendición de los rebeldes: «Entre los heridos que quedaron en el Castillo, se contaban los tenientes Pedro Gener, Mario Montalvo, el oficial supernumerario Rafael López Álamo, pero cuando salieron los últimos grupos de prisioneros, el nuevo <capitán> Mario Alfonso Hernández entró como un energúmeno gritando a grandes voces: ¿Dónde están los oficiales? Y pocos instantes después se escuchaban las detonaciones secas de los disparos de armas cortas. En el Castillo de Atarés no se salvó un sólo herido de los que no pudieron salir del recinto...Ese Mario Alfonso Hernández, entonces ayudante de Batista, observó igual conducta en los asesinatos que siguieron a la toma del Hotel Nacional. Pero su obra en Atarés no había terminado: al dirigirse a un grupo de prisioneros que estaban afuera, preguntando quién era Blas Hernández y contestar el aludido poniéndose de pie, pues estaba tendido en el suelo, herido en una pierna, el nuevo capitán lo asesinó de un certero balazo.»

---

[6] El 12 de noviembre de 1933, la revista *Bohemia* incluye una vívida crónica del repliegue de las fuerzas antigolpistas hacia Atarés y de los estremecedores hechos de sangre que allí ocurren posteriormente. Esta crónica se recoge en el presente volumen bajo el Apéndice II.

Finalmente, Adam Silva reserva un último comentario que enjuicia a los autores de los crímenes allí cometidos y a aquéllos que glosan la gravedad de las siniestras acciones realizadas en nombre de la nación el 9 de noviembre: «Todavía hay quien se atreve a narrar y comentar los sucesos de Atarés, cometiendo la vileza de no decir que allí fue asesinado un libertador y un patriota que combatía una dictadura implacable y cruel que superaba a la machadista. Se cuenta que esa noche se iluminó el Capitolio y hasta hubo brindis por el triunfo en la lucha fratricida. A eso se llamó cubanidad. ¡Qué ironía!» Como vemos, el relato de Ricardo Adam Silva es pormenorizado hasta en los más mínimos detalles. Es un relato fiel y pone al desnudo la pobreza política y humanitaria de los sargentos y de los estudiantes convertidos en gobernantes. Mario Hernández, el hijo de Blas, sobreviviente de la lucha en Atarés, acusa del asesinato de su padre a Fulgencio Batista, a Ramón Grau San Martín, a Antonio Guiteras y al Jefe de la Marina de Guerra.

Dueño del poder absoluto, Batista es un hombre indigno que se apoderó del poder el 4 de Septiembre de 1933 con la ayuda de estudiantes que no estudiaban y de políticos corrompidos cuyo objetivo era enriquecerse en el gobierno. Batista, en compañía de Sergio Carbó, depuso, fusiló, asesinó, torturó, no sólo a sus enemigos sino a sus amigos que le estorbaban en el camino hacia el poder absoluto. Batista y Castro han puesto de manifiesto la suprema ignorancia en que se vive en los Estados Unidos acerca de los intereses norteamericanos en Hispanoamérica. Ni Batista ni Castro cuentan con el espíritu del ejército, ni tampoco cuentan con el apoyo de la mayoría del pueblo. Cuba no ha tenido dirigentes capacitados, por eso fue posible que con el correr de los años Castro estableciera tan fácilmente el comunismo en la nación.

Hombres con antecedentes violentos y carentes de rectitud moral, Batista y Castro se rodearon de incapacitados para sentirse superiores. Cambiaron las cosas, rehicieron la sociedad y la reformaron de arriba abajo, convirtiendo a Cuba en la segunda Haití del Caribe. El nivel moral y cultural de sus principales colaboradores fue y sigue siendo demasiado bajo; el primitivismo y la barbarie es lo que ha caracterizado a los colaboradores de Batista y Castro. En la historia de Cuba nadie como Batista y Fidel ha jugado un papel más sombrío y espantoso. La vileza y crueldad de ambos no tiene límites. Un resentimiento contra las altas clases de Cuba, una venganza personal contra la aristocracia, los impulsaron a convertir a Cuba en el basurero del Caribe. Jamás había sufrido la isla catástrofe igual. Es el desquite de un par de bastardos, hombres ineptos que armados de cuchillo, se vengan del desprecio que saben que su incapacidad inspira a un pueblo que le es infinitamente superior.

Instantánea tomada en la finca El Mamey propiedad de Hipólito Martínez, situada en el término municipal de San Juan de los Remedios, provincia de Las Villas, en marzo de 1932. Aparecen el coronel Juan Blas Hernández y el capitán ayudante S. Mario Hernández, su hijo, quien lo acompañó desde el principio hasta el fin de la campaña revolucionaria. (Archivo de Mario Hernández).

CAPÍTULO VI

El 8 de noviembre de 1933 y la batalla del Castillo de Atarés. Reseñas de los sucesos. Las muertes del comandante Ciro Leonard y de Blas Hernández. La opinión de Ricardo Adam Silva sobre este evento militar.

Se ha expuesto que el 8 de noviembre de 1933 un grupo de alistados del Campamento de Columbia y del Cuerpo de Aviación se rebelaron contra el gobierno del 4 de Septiembre encabezado por Grau San Martín en lo civil y por Batista en lo militar. El movimiento insurreccional encontró amplio apoyo en la juventud abecedaria y en otros sectores de la población que se apoderaron de la Jefatura de Policía, del Gobierno Provincial, de varias Secretarías y estaciones de policía. Los cuarteles de Dragones, San Ambrosio y Atarés se sumaron al movimiento, que no triunfó por la delación de uno de los conspiradores, el cabo Ángel C. Fajardo. Justo Carrillo afirma que el jefe civil del movimiento fue Alfredo Botet, líder del ABC. Y de acuerdo con Inés Segura Bustamante, en la conspiración participaban miembros del ABC y algunos oficiales del ejército. Lo cierto es que el movimiento fue eminentemente militar y que la participación del ABC fue aceptada porque Carlos Saladrigas, jefe de un ramal abecedario, prometió quinientos fusiles y ocho ametralladoras Browning calibre 30. Los sublevados estaban dirigidos por el ex-coronel Rosendo Collazo, por el ex-comandante Ciro Leonard, por el caudillo revolucionario Juan Blas Hernández y por Rafael Iturralde.

Mario Hernández confirmó al historiador Ricardo Adam y Silva la participación de su padre en las jornadas del 8 y de 9 noviembre. Durante el 8 de noviembre estuvieron en el cuartel de Dragones, así como también en la Jefatura de Policía que se encontraba como a una cuadra del Palacio Presidencial. Después de intenso y duro enfrentamiento, afirma Mario Hernández, el coronel Blas Hernández se dirigió al cuartel de San Ambrosio donde, después de una reunión de oficiales, se tomó el acuerdo de trasladarse toda la fuerza al Castillo de Atarés. A esta decisión se opusieron el primer teniente José Otero y el coronel Blas Hernández «alegando que no se debía incurrir en el error del Hotel Nacional y a su vez propusieron ir al interior de la provincia de La Habana para reorganizarse y volver sobre la capital con el acopio de más elementos de guerra y hombres. Pero el comandante, [se refiere a Ciro Leonard] les mostró un radiograma del coronel Amiell, que era jefe del Tercer Distrito Militar (provincia de Las Villas) en el que sugería que esperaran en Atarés mientra él iba sobre La Habana con cinco mil hombres reclutados en dicha provincia, además de los militares» (Adam Silva, *La gran mentira* 188).

En el *Diario de la Marina* del 16 de noviembre de 1933, en la página 3, apareció el relato de «Un capitán de quince años,» Carlos González Blanco, que tomó parte en la defensa de Atarés. El joven González Blanco contó cómo fue su impresionante y espeluznante odisea. En su relato, González Blanco afirma que Blas Hernández, «receloso, como buen guajiro, de todas las encerronas, no estaba muy conforme con quedarse allí a la defensiva y hablaba de abrirse paso hacia el campo, sin mostrar predilección por ningún lugar de la zona. Prevaleció, no obstante, el criterio del comandante Leonard, partidario de quedarse en Atarés en espera de las fuerzas que habían de sumarse al movimiento.»

En otra parte de su relato, González Blanco habla de la desmoralización que se apoderó de los sublevados al conocerse el suicidio de Leonard: «En cambio,» añade, «Blas Hernández, no obstante sus recelos de la noche anterior, constantemente estuvo recorriendo los parapetos y dándonos ánimo con breves arengas y noticias favorables. Siguió igualmente animoso después que el fuego de mortero comenzó a hacer insostenible la posición. Y ya viendo que se había izado por alguien la bandera de la Cruz Roja y luego banderas blancas, nos propuso a los que quisiéramos seguirle, abrirnos paso haciendo fuego. Sugestionado por la actitud decidida del caudillo, el grupo de los que se habían mantenido en los parapetos abandonó la fortaleza con la intención de romper el cerco. Blas Hernández, un hijo de éste y un teniente del Ejército figuraban en el grupo que a la mitad del camino, en la dirección de la Calzada de Cristina, quedó detenido por el intenso fuego de ametralladoras.»

El Castillo de Atarés resultó ser una ratonera. Las fuerzas del Gobierno se encontraban al mando de los capitanes Gregorio Querejeta y Belisario Hernández, éste último ayudante del coronel por decreto de Sergio Carbó con la aprobación del Directorio, Fulgencio Batista. Ese día, en vez de cubrirse de gloria, el ejército de Batista se cubrió de infamia al asesinar a sangre fría a los que se habían rendido izando banderas blancas. Atacados por tierra y desde el mar y ante la proximidad de la derrota, el comandante Leonard se suicidó, asumiendo el mando de los rebeldes Blas Hernández, como se ha expuesto.

Después de muerto Leonard, según el relato de Mario Hernandez: «Lo cubrimos con una bandera cubana y salí a buscar a mi padre, a quien encontré arengando a los nuestros en la línea de fuego, compuesta ya por militares solamente y casi ningún civil. El mortero no permitía permanecer a nadie en el tope del Castillo. La muerte del comandante Leonard fue como una orden de alto al fuego y así fue. El enemigo formó dos filas de soldados y entre ellos se debía pasar para que pudieran identificar a los militares y separarlos, a la vez golpeándolos con las culatas de los fusiles. Varios militares que extrajeron de entre los prisioneros fueron llevados contra la pared del almacén de Aspuru y fusilados inmediatamente. Después de la rendición, aquella turba de tropa cometió el asesinato de prisioneros. Maldito sea el 4 de Septiembre de 1933. Y maldito sea el 10 de Marzo de 1952 que es su consecuencia.» Aquí termina el relato de Mario Hernández a Ricardo Adam Silva.

Después de ocupado el Castillo de Atarés, el nuevo capitán Mario Alfonso Hernández, que era soldado el 4 de septiembre y que irónicamente tiene el mismo nombre del hijo de Blas, entró en la fortaleza y preguntó: «¿Quién es Blas Hernández?» Blas Hernández, que se encontraba herido en una pierna, se incorporó trabajosamente respondiendo: «Soy yo.» Y sin más preámbulo, Mario Alfonso Hernández le disparó un tiro en el pecho y otro en el cráneo. Una vez rendidos los defensores del Castillo de Atarés, las tropas, al mando de los capitanes Gregorio Querejeta y Belisario Hernández, se entregaron al saqueo, la rapiña y el pillaje. Un soldado negro se puso el sombrero y el cinto de Blás Hernández y le dijo al capitán Mario Hernández: «Mire capitán, ahora yo soy Blas Hernández.»

El 17 de diciembre de 1933, la revista *Carteles* publicó en la página 53 una fotografía donde aparece el cadáver de Blas Hernández en el suelo, sin zapatos. Y vueltos de revés los bolsillos, que comprueban el despojo de que fue víctima después de terminado el combate. Serafina Blasco Everelli y Marina García González, que estuvieron en el Castillo de Atarés durante el combate, han dejado un relato lleno de calor humano sobre la personalidad de Blas Hernández. En el artículo «Las mujeres que sí estaban en Atarés,» refieren el hecho siguiente, que tuvo lugar durante el sitio de la posición: «Blas Hernández fue al interior del Castillo y regresó con una lata de melocotones. La abrió con la mirilla de su revólver y juntos comimos en el fragor de la lucha. Era un gran hombre. Valiente y bondadoso, no merecía la muerte que le dieron. No se mata así a un héroe. Fue un revolucionario de los buenos.»

Mientras en Atarés se despojaba a los vencidos, el teniente Azcuy llegaba a Palacio para notificar a los allí reunidos que los revolucionarios habían izado bandera de parlamento. En el mismo momento, varios jóvenes del Ala Izquierda Estudiantil informaron en la mansión palatina que los sitiados del Castillo de Atarés primeramente bajaron la bandera cubana, izando una de la Cruz Roja que arriaron a los pocos momentos. En ese intervalo, parece que unos cuarenta hombres que estaban en el castillo comenzaron a salir con el propósito de entregarse a las tropas sitiadoras, las cuales continuaron el fuego, produciéndose el asesinato de aquellos infortunados defensores de la fortaleza. Tan pronto como se conoció la capitulación de Atarés, el Presidente Grau San Martín salió al balcón del Palacio Presidencial y se dirigió a los soldados, policías y milicias estudiantiles que custodiaban el palacio. Manuel Antonio de Varona, según Inés Segura Bustamente, estaba con traje y gorra de marino cargando una ametralladora, diciéndoles lo siguiente: «La causa de la libertad y de la dignidad cubana han triunfado. ¡Viva el ejército!»

El presidente de la República vitoreaba al ejército de Batista, a los soldados convertidos en oficiales por obra y gracia del 4 de Septiembre y de Sergio Carbó. Ese mismo ejército echaría del poder en enero de 1934 a Grau San Martín y asesinaría más tarde por orden de Batista a Antonio Guiteras. Antonio Guiteras, quien se encontraba en la residencia presidencial, salió inmediatamente para el Castillo de Atarés para presenciar el acto de rendición. Ni Batista ni Guiteras, ni los miembros del Directorio Estudiantil Universitario, tomaron parte en la batalla de Atarés. Batista, que fue ascendido por Carbó de sargento a coronel por «méritos de guerra,» nunca tomó parte en ningún combate. Sus esbirros, sargentos como él, ascendidos a oficiales por decreto, se encargaban de eliminar a los opositores peligrosos. Guiteras y los miembros del Directorio Estudiantil Universitario se distinguieron por sus actos de terrorismo. Con la llegada de Grau San

Martín y Batista al poder, en la Cuba republicana por primera vez se lloraba la muerte de esposos, hijos y hermanos asesinados a mansalva. La sangre cubana se vertió a raudales para consolidar en el poder a un sargento vulgar y analfabeto. La flor de la juventud abandonó sus hogares y moría a manos de los sargentos que habían apoyado a Machado con la bendición del Directorio Estudiantil Universitario. Desde entonces una amarga tristeza domina a la población cubana porque la violencia gubernamental, en vez de disminuir, ha aumentado.

«La tropa de Batista,» escribe Ricardo Adam Silva con certeza, «mantenía la horrenda tradición de asesinar a los prisioneros que se iniciara en el Hotel Nacional, se continuaba en Atarés y se repetiría en la segunda dictadura instaurada el 10 de marzo de 1952. Pero fue incapaz de hacer frente a unas partidas mal armadas y terminó su existencia como fuerza militar con una bochornosa rendición incondicional.» La huida de Batista en la madrugada del 1o. de enero de 1959, demuestra que Batista y su Estado Mayor Conjunto eran oficiales de opereta, incapaces de tomar las armas para defender los bienes que habían malversado a la República. El jefe del ejército de Batista había declarado que en Cuba teníamos tres partidos políticos: los amarillos, los azules y los blancos, en clara referencia al ejército, la policía y la marina y que había que darle candela al jarro hasta que soltara el fondo. Y Batista, que se había preparado el camino para perpetuarse en el poder, hacía alardes de que tenía «una bala en el directo» y que sólo saldría del Palacio Presidencial muerto. El 1o. de enero de 1959, fecha en que pudo hacer gala de los «méritos militares» que le atribuyó Carbó, en vez de pelear, decidió darse a la fuga vergonzosa, dejando abandonados al enemigo a sus más cercanos colaboradores.

Enrique Pizzi de Porras, en un artículo que publicó en *Bohemia* el 21 de enero de 1934, hace al gobierno provisional de Grau San Martín la siguiente acusación: «Asesinaron a los oficiales en el Nacional después del rendimiento y te sentiste héroe. Acribillaron a balazos a los portadores de banderas blancas y los prisioneros en la rendición de Atarés y ordenaste la insultante iluminación del Capitolio, hiciste fiesta del duelo y de las lágrimas de mil hogares cubanos.» Por su parte Ricardo Adam Silva, en su ya clásico libro *La gran mentira* escribe con toda razón: «En la noche de la ocupación del Castillo de Atarés hubo en La Habana un hecho insólito y vituperable, jamás ocurrido en nuestras contiendas civiles, cuando se dispuso la iluminación del Capitolio con todos sus reflectores para festejar el suceso. ¡La generosidad en la victoria y la grandeza de alma, atributo de las causas nobles se ausentaron en Cuba en 1933!»

El *Diario de la Marina*, en su edición del 9 de noviembre de 1933, señaló cómo lo que había ocurrido en Atarés, marcaba un cambio en las costumbres políticas del país. El asesinato de los rendidos «ha de ser una página de nuestra historia en la que futuros historiadores descubrirán atónitos elementos generadores de esta conmoción social y política, absolutamente inusitados en nuestras costumbres políticas. Definitivamente la guerra de guerrillas, con la abrupta manigua por marco, la guerra que hizo Caudillos prestigiosos que más tarde fueron en la paz prohombres de incontrastable influencia, parece desplazada de nuestro tipo de revolución. Y este otro tipo de revolución que es un close-up de la otra a que nuestro pueblo estaba acostumbrado, pone sombríos lineamientos de crueldad que ponen un estremecimiento de pavor en la Ciudad alegre y confiada que era La Habana.»

En efecto, los sargentos que se apoderaron del poder, en compañía de unos pocos civiles y de un número reducido de estudiantes terroristas, se entregaron sin respeto a la ley a toda clase de crímenes. Los asesinatos políticos, las torturas, el palmacristi, el plan de machete, los fusilamientos, los atracos a los comerciantes, el terrorismo indiscriminado, la guerra de pandillas, las malversaciones públicas, el enriquecimiento ilícito, la chivatería, el juego de la bolita y otras lacras que todavía padecemos, hicieron su aparición con la revolución de los sargentos, los estudiantes y Sergio Carbó. El 9 de noviembre de 1933 Grau vitoreaba a la sargentería de Batista por su hazaña en Atarés, y fueron los mismos sargentos que lo echaron del poder en enero de 1934.

Enrique Pizzi de Porras, que perdió a su hijo de quince años en Atarés, publicó en su artículo en *Bohemia* otras serias acusaciones a Ramón Grau San Martín, acusaciones que la historia ha confirmado: «Para tu triste historia –se refiere a Grau San Martín– a la que no sé si podrás añadir muchos más capítulos, te llevas los lúgubres episodios del Nacional y Atarés, que con las masacres de La Fraternidad y Jaronú y el incendio de *El País* forman una montaña de crímenes que hicieron inapreciables, por ínfima a su lado, la serie de asesinatos realizados por Ainciert, Zubizarreta, Arsenio Ortiz y todos los demás matarifes que servían a Machado así. Te cuadraste en atención ante todos los gestos y disposiciones de la sargentería y te doblaste como un arco en sometimiento al militarismo, para que éste pisotease a su antojo las sentencias y disposiciones de jueces, magistrados y tribunales. Disfrazaste a los soldados y a los marineros para que aparecieran como una legión popular que pedían la cabeza de quienes como yo no hicimos más que enfrentarte con la verdad.»

Carentes de ideales y de formación ideológica, Batista y los estudiantes que lo acompañaron en su aventura revolucionaria no lucharon por establecer la democracia, sino por conquistar el poder para perpetuarse en él. Los fines de la revolución contra Machado, como los fines de la revolución contra Batista, eran políticos. Pero en ambos casos fueron tergiversados. Batista, como Castro, es autócrata y corrupto, sensible a los aduladores y los abyectos, y enemigo de los hombres libres. Ambos son la más firme expresión de la falsificación del espíritu democrático. El gobierno del 4 de Septiembre dispuso a su antojo del botín revolucionario. El Palacio Presidencial se había convertido en una cloaca y el desorden que reinaba en la mansión ejecutiva se debía a inepcia e incapacidad. Faltaban austeridad pública y prestancia guerrera. Los granujas y los pillos se apoderaron del poder.

Aquellos vientos trajeron estas tempestades. ¿Cómo se podían resolver los problemas del Estado cubano con hombres como Batista, Pedraza, Mariné, Benítez, los Tabernillas y Ventura? Pensadores como Carlos Saladrigas, Juan J. Remos, Emeterio S. Santovenia, José Manuel Cortina, Joaquín Martínez Sáenz, Carlos Márquez Sterling, Aurelio Fernández Concheso, Juan Marinello Vidaurreta y Carlos Rafael Rodríguez, entre otros, que fueron ministros de Batista, no fueron capaces con sus estudios históricos, sociales, filosóficos, políticos y legales, de resolver los problemas de la democracia cubana. Es un espantoso escándalo que universitarios que presumían de cultos prestaran su colaboración a un sargento analfabeto y criminal. Mucha sangre y muchas lágrimas le han costado al pueblo cubano la conducta política de las llamadas clases cultas del país.

En esta foto tomada durante la Mediación ante el cuartel general de las fuerzas de Blas Hernández aparecen de izquierda a derecha el coronel Blas Hernández, Juan Rojas, Juan Osorio, Julián Valero, Yayo Estévez, Avelino González, Miguel López, Arcadio Alzola, Mario Hernández, Manolo González, Epifanio Sosa, entre otros combatientes. Hincados en la fila delantera, el segundo jefe Francisco Negrín García, Eduardo Camacho Carriego y José Soto Cervantes. (Archivo de Mario Hernández).

CAPÍTULO VII

Las *Memorias* del general Gerardo Machado y Morales. *La revolución cubana* de Enrique Lumen, la reseña histórica de Charles W. Hackett en *Current History* y *Cuba 1933* del profesor Luis Aguilar León: Evaluación de sus juicios sobre el guerrillero Blas Hernández.

En las *Memorias* de Gerardo Machado y Morales, *Ocho años de lucha*, aparecidas en 1982 y editadas por el comandante Mario Gajate, en la página 86, hay una breve referencia a Blas Hernández, cuando Machado cuenta la conversación que sostuvo con Welles sobre el dirigente guerrillero. Machado afirma que le dijo a Welles: «Excelencia...la Secretaría de Estado ha recibido una carta en la que usted solicita determinadas garantías para el coronel Blas Hernández. No es coronel, ni es siquiera un revolucionario, sino un hombre fuera de la ley, perseguido por las autoridades, que se escuda en la protesta revolucionaria. Yo no puedo darle a Blas Hernández garantías de ninguna clase, porque él está sometido a la jurisdicción de jueces comunes, pero no puedo permitir tampoco que usted le dé el trato de <coronel> que le da en su carta y quiero advertírselo.» La afirmación de Machado de que Blas Hernández estaba sometido a la jurisdicción de los jueces ordinarios es difícil de comprobar en los archivos judiciales de Cuba. Welles y los revolucionarios cubanos le daban el trato de coronel y la amistad de Blas Hernández con la familia Mendoza y con Mendieta demuestran el prestigio que tenía en los círculos políticos de la capital.

Al alzarse contra la dictadura de Machado, Blas Hernández se colocó voluntariamente fuera de la ley. Igual que estaban fuera de la ley Menocal, Sergio Carbó, Laurent, Hevia, los miembros del ABC y del Directorio Estudiantil Universitario. ¿Hasta qué punto las memorias de Machado, editadas por Mario Gajate, constituyen un documento histórico digno de confianza? En la página 221, apéndice 16, reproduce Gajate una carta firmada por Miguel Ángel Quevedo dirigida a Ernesto Montaner que es apócrifa. Luis Ortega ha sido de los pocos en denunciar la falsedad histórica, en una carta que dirigió a Richard G. Capen Jr., del *Miami Herald*, el 24 de noviembre de 1987, que tuvo amplia repercusión en el exilio cubano y que reza: «Entre los cubanos es famosa la carta apócrifa que hizo Ernesto Montaner... cuando se suicidó Miguel Ángel Quevedo en Caracas. Se publicó en Miami como «La carta de un suicida a Montaner» y todavía anda circulando. Muchas gentes la han tomado como auténtica. Entre las vilezas que han hecho los cubanos unos contra otros, ésta es la peor y la más repugnante porque arrojó una mancha sobre un hombre muerto que merecía los mayores respetos. Un hombre que fue un gran periodista cubano y que fue, además, protector del propio Montaner.»

En el *Diario las Américas*, Enrique Llaca tiene una columna con el sugestivo título de «Divulgación ciudadana.» El domingo 15 de octubre de 1989, con el título de «Las *Memorias* del Presidente Machado,» editadas por su biznieto Francisco X. Santeiro con la activa participación del comandante Gajate, Llaca dedica su crónica a elogiar la administración machadista. No hay en el artículo de Llaca una sola línea condenando la carta apócrifa y, lo que es peor, tampoco dedica un párrafo a condenar los crímenes cometidos bajo la administración machadista. En su artículo Llaca afirma: «El claustro de profesores de la Facultad de Derecho, a propuesta de los doctores José A. del Cueto y Ramón Zaydín, concedió al presidente Machado el título Doctor Honoris Causa, algo que sucedía por primera vez en la bicentenaria universidad.» Pero Llaca silencia que ese mismo claustro repudió dos años más tarde la dictadura de Machado. En la página 356, Tomo II, de su *Historiología Cubana*, José Duarte Oropesa sostiene que la moción fue presentada por el Decano, José A. del Cueto, y por Richard Dolz. Al final Llaca recomienda la lectura del libro «a todos los cubanos que sólo conocen de aquellos tiempos por relatos más o menos interesados.»

¿Como si la crónica de Llaca no fuera más o menos interesada? ¿Por qué Llaca no citó el libro de Ángel G. Cárdenas, *Soga y sangre. De las memorias de un ex-juez. Una página de horror del Machadato y su acusación pública*, aparecida en 1933? ¿Por qué silencia el documentado estudio de Enrique José Varona, *Contra la prórroga de poderes y la reelección presidencial*, publicado en 1927?[7] ¿Puede considerarse de «divulgación ciudadana» una columna que por motivos «más o menos interesados» silencia parte de la verdad a sus lectores? Manera muy burda de manipular la opinión pública con medias verdades. Prácticas viciosas de la Cuba de ayer que perviven en un exilio dirigido por viejos políticos, donde la mixtificación adquiere categoría de verdad histórica.

Otro que se ensaña contra Blas Hernández es el gacetillero Enrique Lumen, quien escribió un libro titulado *La revolución cubana (1902-1934)*, publicado en México en 1934, y en el cual podemos leer juicios como el siguiente: «Y ahora Blas Hernández. Blas Hernández, guajiro, tipo de guerrillero colonial, que hacía la guerra a Machado en las regiones rurales, seguido de unos cuantos campesinos. Blas Hernández permaneció varios años alzado en armas y dicen personas quizá mal pensadas, que Machado no trató de someterlo. Blas Hernández era un fantasmón que gozaba con sentirse perseguido por las tropas gobiernistas. En su alma vivía el bandolero sentimental. Le encantaba el paisaje mambí, como buen campesino, y le extasiaba el peligro. Por lo demás no tenía la más vaga idea de la época. Para él, las reformas sociales eran sombras. Vivir en una rebeldía de poético paisaje verde y azul era todo» (70).

En la página 144, Lumen cierra sus comentarios sobre Blas Hernández con este párrafo desafortunado: «Al ser capturados los supervivientes [se refiere a la batalla de Atarés], el fantasmón Blas Hernández fue asesinado por un oficial. El hecho es repugnante. Pero se libró al país de un tipo de bandolero sentimental, enemigo de la paz y el progreso.» ¿Conoció Enrique Lumen a Blas Hernández? ¿Cómo se pueden escribir tantas superficialidades sobre un combatiente como Blas Hernández? Sumner Welles escribió el 24 de octubre de 1933 que Blas Hernández sería recordado como el único revolucionario a

---

[7] La Exposición del estudio de Varona, firmada entre otros por Carlos Mendieta, ex-Presidente de la Asamblea Provincial Liberal de Santa Clara y asesor de las actividades revolucionarias de Blas Hernández, reza: "La situación que se cree después del 20 de Mayo de 1929, será una situación ilegítima. El gobierno será un Gobierno de hecho, no de derecho. Las leyes del Congreso, los Decretos Presidenciales, los Estatutos y los acuerdos de los Consejos y Ayuntamientos, los Contratos, los Actos todos que realicen los funcionarios prorrogados, llevarán en sí el vicio de origen: serán nulos" (10).

quien Machado fue incapaz de capturar. La crítica de Lumen a Blas Hernández contrasta con los elogios interesados que hace de Rubén de León, a quien califica de «líder vigoroso.» La actuación de Rubén de León en la vida pública cubana, ¿le ganó el título de «líder vigoroso»? Veamos en que consistía la personalidad vigorosa de Rubén de León, según él mismo nos lo cuenta en su libro *El origen del mal* (1964), en donde en la página 296, hace alardes de que en la primera página del periódico *El Heraldo de Cuba* apareció su fotografía con el siguiente pie de grabado: «Diez mil pesos por su captura, vivo o muerto.» ¡Sólo un demente o un criminal puede vanagloriarse de que las autoridades le hayan puesto precio a su cabeza por actos terroristas!

Arsenio Ortiz puso precio a la cabeza de Blas Hernández. Enterado el rebelde solitario contesta: «¡Yo también ofrezco $5,000 por la cabeza de ese asesino!» Y le manda un recado: «Ud. sabe bien donde estoy, venga a buscarme.» Arsenio Ortiz fracasó en su propósito de capturar a Blas Hernández, siendo reemplazado y trasladado a La Habana. La participación de los miembros del Directorio Estudiantil Universitario y de los dirigentes del ABC en actos terroristas no pueden compararse con las actividades guerrilleras Blas Hernández. Orestes Ferrara afirma que «La oposición a Machado era indigna de un país civilizado.» Y agrega: «Con la excepción honrosa de un pequeño número de personas, era efectivamente terrorista y por culpa de ella durante un año vivimos en plena barbarie» (360).

El profesor Luis Aguilar León, en *Cuba 1933*, en la página 127, reporta que en diciembre de 1932, la prensa internacional informaba que pequeñas bandas revolucionarias se encontraban operando en la provincia de Oriente. La cita número 23, correspondiente al párrafo anterior, va seguida de la siguiente información: Charles W. Hackett, «Guerrilla Warfare in Cuba,» *Current History*, julio de 1933. Y cita, «Actualmente el único grupo de relativa importancia estaba dirigido por el autodesignado <capitán> Blas Hernández, quien con una banda de treinta a cuarenta hombres se las ha ingeniado para evadir la persecución de la guardia rural en la provincia de Santa Clara.» El artículo de Hackett se refiere a las actividades guerrilleras que tuvieron lugar durante el mes de mayo de 1933 en las provincias de Santa Clara, Camagüey y Oriente. Los nombres que menciona Hackett en su artículo son los de Arsenio Ortiz, Sumner Welles, y Machado.

El nombre de Blas Hernández no aparece en el artículo de Hackett, como se desprende de la lectura de la cita 23 que hace el profesor Aguilar León en su libro. Al referir Hackett las operaciones guerrilleras en la provincia de Santa Clara, escribe sin mencionar ningún nombre lo siguiente: «Después de un viaje a través de la zona de operaciones rebeldes en Santa Clara, el corresponsal de la United Press informó que el 21 de mayo de 1933, 600 hombres estaban bajo las armas en la provincia de Santa Clara y que cerca de 1,400 más en Santa Clara y la provincia de Camagüey estaban cooperando con ellos.» ¿En qué fuentes encontró el profesor Aguilar León los datos que ofrece como tomados de Charles W. Hackett? ¿Por qué el profesor Aguilar califica a Blas Hernández de «capitán» cuando la mayoría de los autores habla del «coronel»?

Charles W. Hackett publicó en septiembre de 1933, en *Current History,* un artículo titulado «American Mediation in Cuba,» en el cual dice que «Blas Hernández, célebre dirigente revolucionario de la provincia de Santa Clara, a quien se le conoce como <El Sandino de Cuba> y quien ha ganado popularidad a causa de su lucha guerrillera contra las fuerzas gubernamentales desde que se alzó en armas contra Machado en 1931, consintió en aceptar el 28 de junio de 1933 la gestión de Welles como mediador. Al aceptar a Welles como mediador, Blas Hernández suspendió las hostilidades y se retiró a su finca cerca de Yaguajay» (724-26). Un historiador no tiene derecho a hacer una afirmación si no puede ser comprobada. Guardar silencio sobre las equivocaciones, gazapos, desaciertos, erratas, disparates y aberraciones que se cometen en nombre de la verdad es aceptar como bueno algo que no lo es. La riqueza espiritual y el saber, aspiración de los cubanos de buena voluntad, debe ser nuestra meta, si de verdad aspiramos a convertirnos en un pueblo culturalmente superior y libre.

En esta foto aparecen los hombres que componían la vanguardia estratégica del coronel Juan Blas Hernández momentos antes de partir del central Cunagua hacia la ciudad de Morón, tras el derrocamiento de Machado. De pie de izquierda a derecha los tenientes Yayo Estévez, Julián Valero, Mario Hernández (hijo de Blas Hernández y capitán ayudante), el coronel Blas Hernández, los tenientes Juan Rojas y Epifanio Sosa. Sentados de izquierda a derecha los combatientes Miguel López Ríos, Ramón Darias, Francisco Soto, Francisco Iglesias, Homero Hernández (hijo de Blas Hernández y futuro veterano de la Segunda Guerra Mundial), y Gregorio Rodríguez. (Archivo de Mario Hernández).

CAPÍTULO VIII

Perspectiva estadounidense de la campaña de Blas Hernández: La correspondencia de Sumner Welles. Reportajes de J.D. Phillips para el *New York Times*. *Cuban Sideshow* de Ruby Hart Phillips.

La correspondencia de Sumner Welles al Secretario de Estado norteamericano es fuente de primera mano para tener una clara comprensión de la personalidad y repercusiones de la campaña de Blas Hernández. Correspondencia que debemos examinar con sumo cuidado si de verdad queremos formarnos una opinión justa del famoso guerrillero. El 19 de septiembre de 1933, Welles anuncia al Secretario de Estado que Blas Hernández, acompañado de cerca de 300 hombres mal armados, ha comenzado un movimiento revolucionario contra el gobierno de Grau, en un pueblo cerca de Morón en la provincia de Camagüey. Batista envió inmediatamente un carro especial con soldados y estudiantes con la intención de interceptar a Blas Hernández. Un movimiento revolucionario era inminente en la ciudad de Santa Clara.

El 20 de septiembre, Welles confirma el alzamiento de Blas Hernández, «el cual está ganando fuerzas, ya que el número de hombres que ahora lo apoyan pasa de 500. Otros dos dirigentes de Santa Clara, afiliados a la Unión Nacionalista, se han alzado con aproximadamente cincuenta hombres cada uno. En Antilla, provincia de Oriente, el comandante Balán se ha sublevado con 800 hombres, aparentemente con armas suficientes. Ayer se apoderó de Gibara y hoy se dirige a Holguín con la intención de apoderarse de dicha ciudad.»

El 22 de septiembre, Welles informa que un movimiento revolucionario de considerable importancia ha comenzado al sudeste de la provincia de Matanzas. Reporta Welles que a despecho de los informes del gobierno contrarios al movimiento iniciado por Blas Hernández, que no ha podido ser sofocado, éste ha ido creciendo en extensión. Mientra tanto, añade Welles, el movimiento revolucionario de Oriente sigue ganando fuerza.

El 25 de septiembre, Welles comunica que el coronel Blas Hernández, quien intentó dirigir una revolución en la provincia de Santa Clara durante los últimos diez díaz, había llegado a La Habana esa mañana para hacer las paces con el gobierno de Grau San Martín. El motivo de esta aparente rendición es la orden dada por el coronel Mendieta, que apoya a Blas Hernández, y quien cree en un solución pacífica porque nunca el dirigente rebelde ha tenido ni armas suficientes ni pertrechos para un alzamiento exitoso.

El 24 de octubre Welles expresa que el día anterior Batista llamó a Blas Hernández, que será recordado como el único revolucionario a quien Machado fue incapaz de capturar, para una entrevista privada y le dijo que la situación actual no podría tolerarse por más tiempo y que creía que la única solución posible era colocar a Mendieta en la Presidencia. Pidió el apoyo de Hernández, y al recibir respuesta favorable, le dijo que el paso se daría en esos días. Batista le ha pedido a Mendieta una entrevista secreta que se celebrará el 25 de octubre. Irwin F. Gellman publicó en 1973 el libro titulado *Roosevelt and Batista. Good Neighbor Diplomacy in Cuba, 1933-1945,* en el cual incluye varias fotografías de Cuba; en la número 6, tomada en octubre de 1933, aparecen de izquierda a derecha, Batista, el coronel Juan Blas Hernández y el presidente Grau.

El 9 de noviembre, Welles habla de la rebelión de Atarés. A las tres de la madrugada, los oposicionistas que estaban en los cuarteles de San Ambrosio y Dragones, los evacuaron y atravesaron la ciudad con armas y municiones para reconcentrarse en la fortaleza de Atarés, también ocupada por oposicionistas. No se disparó un tiro para oponerse a este movimiento. Las fuerzas concentradas en el Castillo de Atarés ascienden aproximadamente a los 3,000 hombres armados con pertrechos suficientes. Los jefes de la rebelión parecen ser el coronel Collazo, el comandante Leonard, Blas Hernández, y Rafael Iturralde.

En el cable 441 de la misma fecha, Welles, después de una conversación con Antonio Guiteras, expresa que el Secretario del Interior y Guerra cubano intenta en el curso del día establecer tribunales revolucionarios y ejecutar inmediatamente a todos los soldados o policías que se unieron a la rebelión y que ahora están presos. En el cable 446, transmitido a las 5 p.m. del 9 de noviembre, Welles anuncia:

«los oposicionistas que se han rendido en Atarés son unos 400. Se me dice que otros abandonaron la fortaleza antes del mediodía y se dirigieron al sur de la provincia.»

Del cable 449, del día 10 de noviembre, trasmitido a las 7 p.m., me interesa destacar el párrafo tercero que dice: «indudablemente hay una violenta reacción entre todas las clases en La Habana contra el presente gobierno a causa de los sucesos de ayer y por la matanza de algunos prisioneros después que se habían rendido. Se pide abiertamente la intervención de los E.E.U.U., y las colonias extranjeras se quejan de que los E.E.U.U. no hayan hecho desembarcar tropas. He repetido que mi Gobierno desembarcará tropas para proteger las vidas de los extranjeros, pero no para nada más.»

The New York Times publicó, el 2 de julio de 1933, una entrevista de su corresponsal en La Habana, J.D. Phillips, con el coronel Juan Blas Hernández, ilustrada con fotografías del jefe guerrillero y de los miembros de su Ejército Cubano de Liberación. La popularidad de Juan Blas Hernández ha ido creciendo, reporta Phillips, y ahora en Cuba se le conoce con el nombre de «El Sandino de Cuba.» La entrevista se celebró en las montañas de Trinidad. Phillips describe al coronel como un hombre no muy alto, fornido, de entre cuarenta y siete y cincuenta años de edad y con un peso de alrededor de 180 libras. Phillips, después de narrar las peripecias para encontrar al jefe rebelde, recoge cuáles son los propósitos fundamentales de Blas Hernández: «Yo no tengo ambiciones políticas, personales u otras en mi guerra contra el presente régimen despótico, y mi objetivo es sólo derrocar al gobierno del general Machado, el cual ha traído mucho e innecesario derramamiento de sangre a la juventud de esta república y la ruina económica de mi país.»

El corresponsal del *New York Times* reporta que Blas Hernández se encuentra alzado desde la fracasada rebelión de agosto de 1931. En los dos últimos años las autoridades gubernamentales le han ofrecido amnistiarlo con tal de que deponga las armas y regrese al hogar. El ha rehusado aceptar una amnistía, porque la misma significaría su sentencia de muerte y la de sus seguidores. El coronel Hernández no quiso citar de dónde proceden los recursos para sostener a 600 hombres en el campo, pero enfáticamente negó que sus tropas saquearan a los campesinos. Aseguró que los materiales y pertrechos se pagan al contado y que el robo y el bandolerismo, cuando eran probados en alguno de sus hombres, se castigaban con prontitud. En prueba de lo afirmado citó el caso de uno de sus hombres recientemente ejecutado, después de un consejo de guerra, bajo la acusación de exigir dinero a un campesino. A continuación y como opinión personal, Phillips expresaba: «Es evidente que el coronel Juan Blas Hernández con sus 600 hombres bien equipados, representa una potente amenaza al régimen de Machado y puede resultar un serio obstáculo a los planes de la mediación del embajador Sumner Welles.» El Ejército de Liberación, asegura Phillips, está bien organizado y uno de los miembros de su Estado Mayor lo es Mario Hernández, quien ha estado al lado de su padre desde la revolución de 1931. Otros son el capitán José Soto, jefe ayudante del Estado Mayor, el sargento Pedro Vázquez y muchos otros especialistas en tácticas guerrilleras. Las tropas están equipadas con los últimos modelos de Springfield, Krag, Mauser y rifles Winchester.

Reproduce Phillips un manifiesto al pueblo de Cuba, en el cual Blas Hernández afirma que el Ejército de Liberación no abandonará las armas mientras exista el estado actual de opresión en el país. Desmiente que sus tropas hayan sido diezmadas. La lucha continuará, dice, «porque hemos jurado ante el altar de la patria que no regresamos a nuestros hogares hasta no ver a Cuba libre de la dictadura de Machado. La revolución no es ni será en ningún momento una anarquía ni tampoco causará la pérdida de la República.» Niega que el gobierno haya pacificado, como ha anunciado, las provincias de Camagüey y Santa Clara. Denuncia a Ortiz, quien pacificó a su manera a los campesinos torturándolos y asesinándolos: «Pero nunca destruirá al Ejército que anteriormente lo derrotó.» Exhorta al pueblo de Cuba a mantenerse alerta porque la democracia y la libertad es tarea de todos los cubanos decentes y honrados que aspiran a una patria feliz.

En su columna de *New York Times*, Phillips volvió a referir otras hazañas de Blas Hernández, incluyendo su foto. La personalidad del guerrillero era más conocida en el extranjero que en su propio país. La censura por un lado y el no disponer de una radio rebelde ni de televisión en 1933, contribuyeron a que la figura de Blas Hernández no fuera conocida de sus compatriotas. El 15 de septiembre de 1933, Phillips informaba que el coronel Blas Hernández, que encabezó con 700 hombres la rebelión contra Machado por más de dos años, se opone, como es sabido, al presente gobierno y según se informa, tiene planes para irse a las montañas e iniciar un movimiento revolucionario.

El coronel Blas Hernández fue llamado por el Presidente Ramón Grau San Martín que le ofreció el ministerio de agricultura. El coronel rechazó cualquier tipo de colaboración con el actual gobierno, manifestando de manera bien clara que él era un admirador y seguidor del coronel Mendieta, y que le gustaría brindar cooperación a su jefe en su decisión de combatir el gobierno revolucionario presidido por Grau San Martín. El coronel Blas Hernández es indiscutiblemente popular en Santa Clara y Camagüey y le sería fácil organizar inmediatamente un ejército de más de 1,000 hombres. El tiene almacenadas armas y municiones. Puede surgir como el dirigente posible, concluye Phillips, de un serio movimiento revolucionario.

Septiembre 20: El artículo de Phillips viene acompañado de una fotografía del coronel Blas Hernández. Los estudiantes y el ejército, que se niegan a formar un gobierno con la colaboración de la oposición, hoy se enfrentan al segundo movimiento contrarrevolucionario, el cual puede aumentar en serias proporciones, encabezado por el coronel Blas Hernández. Dirigiendo un grupo que varía, según los informes, entre 100 y 300 hombres, el coronel Blas Hernández ocupó la ciudad de Morón en Camagüey muy temprano esta mañana, aprovechándose de las armas y municiones del puesto militar y se dirigió a las montañas de Ciego de Ávila, su antigua plaza fuerte. Rolando Pérez, antiguo jefe de la policía de Sancti Spíritus en Santa Clara, según se informó, acompañado de más de treinta hombres se dirigió a las montañas para unirse a las fuerzas del coronel Blas Hernández.

No obstante las declaraciones de la Jefatura Militar de que el coronel Blas Hernández no se ha rebelado contra el gobierno, sino que está cooperando con la administración para resolver los problemas laborales de la provincia, tropas del ejército han sido enviadas con urgencia a los puestos militares cerca de Morón. El capitán Benítez, que días atrás capturó al capitán Arán y a sus seguidores en la provincia de Pinar del Río, fue enviado por ferrocarril con más de 100 soldados desde La Habana con el fin de exterminar la rebelión. Una persona cercana al Palacio Presidencial dijo hoy, continúa Phillips, que el coronel Blas Hernández, quien se negó recientemente a ocupar una posición en el gobierno, le habló con franqueza a Grau San Martín, diciéndole que a él le gustaría seguir a su jefe el coronel Mendieta, quien se opone al gobierno.

En la Jefatura Militar dijeron en horas de la tarde que el coronel Blas se había entregado al capitán Benítez que dirige las tropas gubernamentales. Un breve encuentro entre las tropas gubernamentales y las fuerzas dirigidas por Blas tuvo lugar al anochecer, de acuerdo con un mensaje de larga distancia recibido esta noche desde Camagüey. Tropas del puesto militar de Camagüey salieron por tren a Chambas, al noroeste de Morón, a las 4 p.m. y se dividieron en dos divisiones para perseguir al coronel Blas Hernández. Una de las divisiones informó que sostuvo un encuentro con los rebeldes en el puesto de Tamarindo. Un emisario enviado por el gobierno no ha podido establecer contacto con el coronel Blas Hernández.

Septiembre 22: Esfuerzos para persuadir al coronel Blas Hernández de que termine su rebelión en Camagüey aparentemente han fracasado. El Secretario del Interior, Antonio Guiteras, dijo esta tarde al hijo del coronel Blas, que se encuentra en La Habana como intermediario, que el plazo dado al coronel para que deponga las armas es de cuarenta y ocho horas, y que tan pronto expire dicho plazo, se darán órdenes a los soldados para que continúen sus esfuerzos para exterminar sus fuerzas.

Septiembre 23: En la provincia de Camagüey, los seguidores de Juan Blas Hernández evitan los encuentros con las tropas del ejército. En una declaración oficial hecha esta tarde, declara Phillips, se decía que el coronel Blas Hernández y sus hombres se habían rendido en Arroyo Blanco. No existe confirmación de otras fuentes. Recientemente se han hecho declaraciones erróneas desde el Palacio Presidental y de la Oficina de Información del Ejército, obviamente con fines de propaganda, las cuales han sido imposibles de confirmar. En una entrevista realizada ayer con un representante de *The New York Times*, en la Sierra de San Felipe en la provincia de Camagüey, el coronel Blas Hernández dijo que él no se ha rebelado contra el actual gobierno: «No estoy de acuerdo con la actual administración porque ellos son incompetentes,» declaró, añadiendo «yo no estoy en rebeldía, pero no puedo estar de acuerdo con la presente situación. Nosotros luchamos contra Machado creyendo que el triunfo de la revolución traería armonía y paz, pero éste no ha sido el caso. Por esta razón me he retirado a las montañas donde al menos puedo respirar aire puro.» Al referirse a los soldados que lo persiguen, el coronel Blas Hernández expresó: «Yo sé que estoy siendo perseguido. Conozco los movimientos de mis perseguidores. Ellos creen, algunas veces, que voy a rendirme, pero yo le di al ejército de Machado grandes problemas. Yo conozco estas montañas como la palma de mis manos y esto es lo que cuenta ahora.»

Septiembre 25: Esta mañana, acompañado por el capitán Benítez, que fue enviado a combatirlo, y por algunos estudiantes que militan en el Ejército Caribe, el coronel Juan Blas Hernández, dirigente rebelde que, según se informó, se encontraba alzado en Camagüey, visitó el Palacio Presidencial. El coronel Hernández dijo que no estaba alzado y que no tenía intención de hacerlo. «Soy un amante de la libertad», dijo, «pero nunca me levantaré contra un gobierno que como el actual está en manos de cubanos.» Prosigue la declaración de Blas, «luché contra Machado porque él es único y no creo que haya otro como él. El problema es que, dondequiera que voy, inevitablemente unos 300 hombres se concentran alrededor mío, y esto es mal interpretado. En el momento presente, ninguno de nosotros está realmente interesado en decir la verdad, pero estamos interesados en que las noticias falsas no circulen.»

El coronel Blas Hernández y ocho de sus seguidores, todos desarmados, fueron recibidos por el Presidente Grau y el coronel Batista, jefe del ejército. Después de conversar amigablemente, posaron para los fotógrafos. Al abandonar el Palacio Presidencial, el coronel Blas Hernández declaró que permanecería varios días en La Habana y que entonces regresaría a Morón para visitar a sus familiares. El coronel Blas Hernández y sus seguidores estaban armados al llegar a Palacio, pero sus armas les fueron retenidas antes de entrar a visitar al Presidente.

Noviembre 9: Los rebeldes perdieron la batalla del Castillo de Atarés. 100 muertos y 175 heridos. Blas Hernández está muerto. El coronel Blas Hernández, destacado guerrillero de las luchas contra Machado, fue asesinado, mientras que otro de los dirigentes, el coronel Collazo, logró escapar temprano en la mañana. La rebelión tenía por finalidad restaurar a Carlos Manuel de Céspedes en la Presidencia. El coronel Batista declaró que los oficiales y soldados capturados en Atarés serán sometidos a la acción de los tribunales revolucionarios.

Blas, el Sandino de Cuba: Un hombre corpulento, de alrededor de cincuenta años de edad, el coronel Blas Hernández, conocido por sus compatriotas como «el Sandino de Cuba,» en los dos últimos años ha estado constantemente cerca del campo de batalla. El fue uno de los dirigentes del alzamiento contra Machado en agosto de 1931, pero a diferencia de los otros, él se negó a entregar las armas y rendirse cuando la rebelión fracasó. En lugar de eso, él y su hijo Mario, a la cabeza de un pequeño grupo de seguidores, se fueron a las montañas de la provincia de Santa Clara, donde sostuvieron repetidos encuentros con las tropas gubernamentales, las cuales no tuvieron éxito en derrotarlos o capturarlos. El número de seguidores variaba. A veces tenían un puñado de hombres y otras cerca de 1,000. Estaban bien equipados la mayor parte del tiempo con rifles Krag, Mauser, Springfield y Winchester, provistos por ricos simpatizadores.

Al tiempo de su renuncia en agosto pasado, el Presidente Machado hizo varios esfuerzos por conciliarse con el valiente dirigente rebelde. Pero el coronel Blas Hernández rechazó todas las propuestas. Blas Hernández fue un devoto del coronel Mendieta que se negó a apoyar el gobierno de Grau San Martín, estando siempre el jefe guerrillero al lado del jefc de la Unión Nacionalista. Así concluye la serie de reportajes del cronista del *New York Times*. Phillips reconoció acertadamente la importancia del líder campesino, en quien quiso ver una expresión cubana del antiintervencionismo nacionalista evidente en otras repúblicas hispanoamericanas durante esta etapa de su historia.

Por su parte, la esposa del cronista norteamericano, Ruby Hart Phillips, publicó en inglés en 1935 en La Habana un libro sobre la revolución contra Machado titulado *Cuban Sideshow*, cuya traducción al español viene a ser «Diversión cubana.» La señora Phillips, llena de prejuicios raciales y de estereotipos, ve a Cuba como un circo en el cual los cubanos pasan el tiempo haciendo revoluciones, saqueando, arrastrando, asesinando enemigos políticos y realizando actos terroristas. En su libro consigna día a día los principales sucesos que ensangrentaron la historia de Cuba, y que llenaron de vergüenza a una generación. En 1959 publicó en New York *Cuba, isla de las paradojas*, en el cual recoge la mayor parte de la información de su primer libro. El país de la siguaraya quedaba convertido en el país de las paradojas, donde la violencia política se había convertido en deporte nacional.

Los hechos espeluznantes que narra la señora Phillips en *Cuban Sideshow* constituyen un claro antecedente de lo que sucedió después. Destaquemos cómo ella vio la figura del «viejo revolucionario» Juan Blas Hernández. Sus apreciaciones son a veces agudas, y otras desconcertantes y superficiales, pero de sumo interés para comprender la personalidad del guerrillero que se alzó contra Machado vista por una norteamericana que nunca entendió al país. Los juicios y observaciones de la señora Phillips no difieren gran cosa de los que cualquier profesor norteamericano de historia tiene sobre los hispanoamericanos.

Agosto 24: Hoy vi algunos de los hombres del viejo coronel Blas Hernández haciendo alarde, a lo largo del Paseo del Prado, de sus grandes sombreros. Ellos no son oficiales de academia, son simples seguidores de Blas, con permiso para disfrutar de la revolución ¡Qué pintoresca resulta la figura del viejo revolucionario Blas Hernández! El se negó a rendirse en la rebelión de 1931 y fue un fugitivo de la «justicia» desde esa fecha hasta la caída de Machado. Pienso que él vivió la mayor parte del tiempo en la finca de Antonio Mendoza con unos cuantos seguidores, hasta que se fue a las montañas en enero o febrero para pelear de nuevo contra Machado. Ahora es algo así como un héroe.[8]

Septiembre 19: El viejo coronel Blas Hernández se ha alzado de nuevo. El levantamiento tuvo lugar en el pueblo de Morón, en la provincia de Camagüey, donde se apoderó de las armas y municiones del puesto militar y se fue a las montañas. Me gusta este viejo revolucionario porque es consistente. Si no le gusta el gobierno lo declara y además lo combate. Su ejército es fácil de organizar. El llama a sus seguidores, que toman sus rifles, montan sus caballos, se despiden de sus familias y se van a luchar. Esto pudiera ser una verdadera revolución porque Blas es muy popular y tiene muchos seguidores, pero su método de combate no es efectivo. Siempre me pregunto por qué no vuela los ferrocarriles, por qué no combate de verdad, porque nada de esto ha hecho.

Septiembre 21: El viejo Blas ha resultado un fiasco. Está de acuerdo en retirarse de la lucha armada si le permiten conservar las armas y tener una entrevista con el Presidente Grau y venir a La Habana sin escoltas excepto con sus propios hombres.

Septiembre 25: El viejo coronel Blas Hernández ahora declara que no está alzado, que solamente fue a las montañas a respirar aire puro y para alejarse de la confusión del actual gobierno. Pienso que a

---

[8] Contrástense las impresiones de Ruby Hart Phillips con el testimonio de Fernando Arsenio Roa en "Blas Hernández y la hidalguía cubana," en relación a algunos pormenores que tuvieron lugar durante la estancia de Blas Hernández en la ciudad capital.

muchos de nosotros nos gustaría hacer la misma cosa. Entre las historias que se cuentan, figura la de que Blas decidió hacer un asado y reunió a sus seguidores, los envió a las lomas a buscar la carne, los pollos, la yuca, etc., y el ejército tomó estas actividades por un movimiento revolucionario. Supongo que ellos tomaron las armas y municiones del puesto militar de Morón para matar el ganado, los pollos, etc. La otra historia que se cuenta es que algunos de los estudiantes que actuaron como mediadores tomaron dinero suficiente para pagar las cuentas. Así termina Blas como revolucionario y se convierte en político.

Las otras referencias relatan la batalla de Atarés. La relación de los sucesos ocurridos el 9 de noviembre está contada en los más mínimos detalles. La señora Phillips describe el asesinato de Blas Hernández después de haberse rendido: Esa noche un oficial del ejército de apellido Hernández [Mario Alfonso Hernández] se jactó de haber matado al coronel como a un perro. Mario Alfonso Hernández fue designado teniente coronel y enviado al mando de la provincia de Pinar del Río, donde fue asesinado al ser arrestado por soldados enviados desde el Campamento de Columbia, al enterarse Batista de que estaba planeando una revuelta. Mario Alfonso Hernández fue uno de los complotados durante el golpe militar del 4 de Septiembre, que colocó a los sargentos al frente del ejército.

Un antiguo teniente del ejército ofreció la siguiente versión del fin del revolucionario cubano: Estaba al lado del coronel Blas después de la rendición, bajo fuerte custodia militar. Un capitán caminó y preguntó, «¿Está Blas Hernández aquí?» El viejo coronel respondió, «Yo soy Blas Hernández.» Sin pronunciar una palabra, el capitán sacó su revólver y disparó contra el coronel. El horror que sentimos fue de tal naturaleza que quedamos paralizados por el miedo al igual que nuestros guardianes.

En la página 212 y siguientes, la señora Phillips ofrece otra versión del asesinato de Blas Hernández, del suicidio de Leonard, de la muerte del hijo de Pizzi de Porras y de la batalla de Atarés. El relato lo hace un joven español, natural de Asturias, quien a pesar de su poca educación, revela la falta de organización y de dirección del movimiento contra el gobierno: Después de rendirse los ocupantes del Castillo de Atarés, el capitán Alfonso Hernández, caminó y preguntó, «¿Quién es Blas Hernández?» Blas, que estaba en el grupo, dijo orgullosamente, «Yo soy Blas Hernández, y soy cubano.» Antes de finalizar sus palabras, Alfonso Hernández disparó y el coronel cayó al suelo. Entonces Alfonso Hernández colocó su pistola en la cabeza del coronel que todavía estaba vivo y disparó de nuevo.

Dando media vuelta, el capitán asesinó entonces a un niño, quien asustado por el asesinato de Blas Hernández, se echó a llorar y pedía: «No me maten, mi madre está en La Habana y quiero verla.» Mientras esperábamos el camión que nos conduciría a la prisión, declara el joven testigo, escuché a algunos de los soldados quejarse de que no habían obtenido nada del botín en el momento de la rendición, mientras que otros exhibían joyas, dinero, etc., que les habían quitado a los presos. Otros se pusieron las polainas y las botas de los que habían muerto. Un soldado negro se puso el sombrero y el cinto de Blas Hernández y le dijo al capitán que había asesinado al coronel: «Mire capitán, ahora yo soy Blas Hernández.»

El anónimo españolito termina su relato contando hechos que se hicieron comunes en la vida militar cubana: «En prisión dormimos en el suelo por varios días hasta que la Cruz Roja nos trajo camas y frazadas y envió al jefe de la prisión la mitad de la ración alimenticia de todos los prisioneros. Los soldados del nuevo ejército nos quitaron nuestros zapatos, los polainas, las camisas y hasta los pantalones. Los primeros veinticinco días en la prisión fueron horribles y no quiero acordarme de lo que pasamos.» Los sargentos que apoyaron a Machado, con el concurso de un grupo de estudiantes universitarios, iniciaban la revolución Auténtica que nos legó por cobardía e incapacidad el marxismo-leninismo, que ha convertido a Cuba en el basurero del Caribe.

Testigos presenciales nos han dejado el testimonio histórico de que Blas Hernández se opuso a la rendición del Castillo de Atarés, ya que quería seguir peleando hasta la muerte o irse a las montañas a continuar la guerra de guerrillas. La mayoría de los rebeldes optaron por rendirse e izaron banderas blancas; muchos de ellos encontraron la muerte, cobardemente asesinados por el ejército de Batista. La masacre del Hotel Nacional se repitió corregida y aumentada en Atarés. El nuevo ejército se transformó en un ejército político al servicio de los más oscuros intereses personales del hombre fuerte de Columbia. Los hombres que ocuparon la presidencia desde el 4 de septiembre hasta el presente, fueron incapaces, según lo demuestran los hechos, de desempeñar el cargo de presidente con honradez, dignidad y decoro. Después de tanta vida segada, de tantas viudas y huérfanos, de tantas torturas, asesinatos y linchamientos, de tantos saqueos, arrastrados y fusilados, de tanta sangre vertida, unos cuantos bribones se enriquecieron y todo quedó peor que entes del funesto 4 de septiembre de 1933.

Revolucionarios bárbaros en su brutalidad se hicieron del poder para lucrar, destruir, envilecer, ensangrentar y empobrecer a su patria. Emulando a Sarmiento, podemos afirmar que «Cuba se haya trastornada por el desquiciamiento que trae la subversión de todo principio moral y de justicia.» Castro, como Batista, como todas estas víboras que han medrado a la sombra de las palmeras de la patria, se hizo notar por su odio a los militares de carrera, en los que uno y otro han hecho una horrible carnicería. Ambos se harán inmortales por sus crímenes, por sus venganzas y por el terror que implantaron. Hombres de instintos feroces y sanguinarios, odian a la sociedad cubana a la que miran con desconfianza, prevención, y desprecio. Castro, como Batista, no conoce ningún tipo de limitación, es un bárbaro primitivo. Desde el 4 de septiembre de 1933 hasta el presente, casi toda la población de Cuba ha pasado por las cárceles. ¿Por qué? ¿Qué ha hecho? ¿Qué ha dicho?

CAPÍTULO IX

La perspectiva de los historiadores de la generación del 30: El libro de Justo Carrillo: *Cuba 1933: Estudiantes, yanquis y soldados.* **Su reseña del hecho revolucionario y sobre Blas Hernández. El libro de Inés Segura Bustamante:** *Cuba: Siglo XX y la generación de 1930.* **Su enfoque histórico de los acontecimientos de 1930 y años siguientes. Lionel Soto y su libro:** *La Revolución de 1933.* **Sus referencias a Blas Hernández.**

Justo Carrillo e Inés Bustamante, miembros del Directorio Estudiantil Universitario de 1930 y representantes destacados de esa generación, han escrito sendos libros tratando de justificar conductas personales, a la vez que intentan eximir a su generación de toda responsabilidad en el fracaso de la democracia en Cuba. La incapacidad política de la generación del 30 se puso de manifiesto el 4 de septiembre de 1933, el 10 de marzo de 1952 y durante las desastrosas administraciones Auténticas. En este exilio, que ya lleva más de treinta años, su contribución a la causa de la libertad de Cuba no ha podido ser más mediocre.

Justo Carrillo en *Cuba 1933: Estudiantes, yanquis y soldados*, hace tres breves referencias a Blas Hernández. El 19 de septiembre de 1933, Welles anunció a Washington que un movimiento revolucionario encabezado por Blas Hernández y por trescientos de sus seguidores, se había iniciado contra el gobierno provisional de Grau San Martín. Batista, dice Welles, envió inmediatamente un carro con soldados y estudiantes para que éstos interceptaran a Blas Hernández. El 25 de septiembre, seis días más tarde, Blas Hernández regresó a La Habana por sí solo, negando que se hubiera alzado y se entrevistó con Batista y Grau. En la página 280 de su libro, Justo Carrillo escribe: «Welles pretendió atribuir una señalada importancia al alzamiento del coronel Juan Blas Hernández en la zona en que colindan las provincias de Santa Clara y Camagüey, pero se vio sorprendido de inmediato por la comparecencia del insurrecto en el Palacio Presidencial, lo que le restaba credibilidad a su información de futurología, si bien era cierto que Juan Blas estuvo alzado.»

En la página 329 hay otra referencia de Carrillo sobre Blas y la batalla del Castillo de Atarés que textualmente dice: «En la rendición, por cierto, tuvo lugar uno de los tantos crímenes imperdonables: El coronel Blas Hernández, con grado autoconcedido desde sus luchas contra Machado, fue ejecutado, después de rendido, por el capitán septembrerino Mario Alfonso Hernández, asesinado posteriormente, por órdenes de Batista.» Cuando el coronel Juan Blas Hernández fue ejecutado por Mario Alfonso Hernández, los miembros del Directorio Estudiantil Universitario guardaron discreto silencio, haciéndose cómplices de uno de los crímenes políticos más repugnantes de la historia de Cuba. ¿No estaba el Directorio Estudiantil Universitario aliado a los sargentos que habían homenajeado a Machado?

Mario Alfonso Hernández era soldado cuando en unión del sargento Pablo Rodríguez, que fue el que organizó el homenaje a Machado, de Batista y otros, concertó una alianza que patrocinó Sergio Carbó con el Directorio Estudiantil Universitario para llevar a cabo el golpe del 4 de septiembre de 1933. Resulta ilustrativo el juicio de Justo Carrillo que aparece en la nota 37 de la página 259 sobre el asesinato de Blas Hernández: «Mario Alfonso Hernández, jefe del Octavo Distrito Militar (Pinar del Río), pagó con su vida el asesinato de Juan Blas Hernández tras la batalla del Castillo del Atarés, después de haberse rendido, el 8 de noviembre de 1933.»

El texto de Carrillo revela que «el 22 de agosto de 1934, el comandante Manuel Benítez Valdés, acompañado de alistados de su absoluta confianza, que eran capaces de todo, se personó en la jefatura del regimiento mencionado. Y después de hacerse cargo del mando, ordenó a sus subordinados que fueran a la residencia de Hernández, a media cuadra de distancia. Así lo hicieron los soldados. Tocaron a la puerta y fingieron ser portadores de un mensaje urgente del Estado Mayor. Confiado, Hernández, al abrir la puerta, fue abatido a balazos por los visitantes.» ¿Cuántos miembros del Directorio Estudiantil Universitario protestaron de «los tantos crímenes imperdonables» que se cometieron bajo la presidencia de Ramón Grau San Martín? La violencia política que azota a Cuba desde 1930 tiene viejos antecedentes y patrocinadores con nombre propio.

Inés Segura Bustamante, que fue nada más y nada menos que profesora de la Universidad de La Habana, pero que no sabe dónde está situada Funchal,[9] en su libro *Cuba siglo XX y la generación de 1930* nos informa en la página 158 que Grau San Martín se negó a firmar la orden de ajusticiamiento del que había asesinado a Blas Hernández en Atarés. No sólo no firmó la orden de ajusticiamiento, sino que ni siquiera se le instruyó a Mario Alfonso de cargos por asesinato. En la página 190 Segura Bustamante expresa: «Blas Hernández, que se había destacado en el campo luchando contra Machado, su unió a esta revuelta [se refiere al alzamiento del 8 de noviembre] que se inició en el campo de aviación del Campamento Militar de Columbia.» Y en la página 191 dice escuetamente: «En el interior de Atarés es ejecutado el sublevado Blas Hernández.» La autora no sólo silencia el nombre del asesino sino que calla que el crimen se cometió a sangre fría después de haberse rendido Blas Hernández. Así escriben la historia los miembros de la generación de 1930. Justificación por omisión. ¿Denunciaron Inés Segura Bustamante y sus compañeros del Directorio Estudiantil Universitario los crímenes que se cometieron en Cuba desde el 4 de septiembre de 1933 hasta el 16 de enero de 1934 o por el contrario se entregaron a disfrutar de las delicias del poder?

Lionel Soto, autor comunista, en su libro *La revolución del 33* en tres tomos, se refiere a Blas Hernández y a su participación en la sublevación del 8 de noviembre, con más detalles y exactitud que Carrillo y Segura Bustamante. Pero me interesa destacar la nota 10, que aparece en la página 139 del tomo primero, donde hace una breve semblanza de Blas Hernández que reproduzco en su totalidad: «J.B. Hernández, más conocido como Blas Hernández, campesino, de unos cuarenta y cinco años, mantuvo en jaque al ejército de la tiranía utilizando una correcta táctica guerrillera. Su ideología era imprecisa y acataba la dirección la Unión Menocal-Mendieta, aunque aceptaba

---

[9] Inés Segura Bustamante califica *Cuba, siglo XX y la generación de 1930* de «documento histórico,» pero el bulto de los errores que contiene este libro la desmienten, como cuando afirma en la página 318, que a Batista le concedieron refugio «en Funchal, Islas Canarias.»

recursos de todos aquellos que quisieron ayudarlo. Blas Hernández había jurado no deponer las armas hasta la caída del Machadato. Machado lo trató de «bandolero» después de fracasar sus intentos de sobornarlo. La limitación de sus puntos de vista políticos hizo que su acción, a pesar de su mucha determinación y coraje, no se desarrollara más allá de su zona de operaciones. Más adelante adquirió más independencia de criterio personal, pero evolucionó hacia las posiciones reaccionarias del ABC. Blas Hernández adoptó el grado de coronel.»

Lionel Soto concluye su evaluación de la trayectoria del líder insurrecto: «Blas Hernández utilizó una correcta táctica guerrillera contra la dictadura de Machado. En Atarés no se siguió su consejo de irse a las lomas de Managua, ya que no se debía incurrir en el mismo error del Hotel Nacional, pero el comandante Leonard le mostró un radiograma firmado por el coronel Amiell, en el que le aconsejaba que se replegara hacia Atarés mientras él se dirigía sobre La Habana con cinco mil hombres reclutados en Las Villas, además de las fuerzas regulares. El coronel Amiell nunca llegó a La Habana y así se perdió Atarés y Blas Hernández fue asesinado.» Hasta aquí los hechos. Rubén de León, Inés Segura Bustamante y Herminio Portell Vilá silencian la forma brutal en que fue asesinado el coronel Blas Hernández, recio combatiente contra la dictadura de Machado. ¿En nombre de qué principios morales e históricos se arrogan estos «historiadores» el derecho de glosar la carrera revolucionaria de Blas Hernández?

Llegada de Blas Hernández a Morón después de la caída de Machado. A su izquierda, Rogelio Salabarría; a su derecha,el teniente Inocente Bonilla; detrás, Francisco Grau, administrador del Central Jaronú y el hijo de Blas, Ramiro; primer plano, el reportero de El *País* y el corneta Millet (Archivo de Fabio B. Hernández)

Durante los primeros días de la caída del régimen del general Gerardo Machado y Morales, el coronel Blas Hernández estuvo acampado en la Colonia Alvarado cerca del central azucarero Jaronú, en la provincia de Camagüey. Aquí aparece con su Estado Mayor. De izquierda a derecha los comandantes Francisco Negrín García, José Soto Cervantes, y los capitanes Eduardo Camacho Carriego y José A. Calero. (Archivo de Mario Hernández).

Partida de Blas Hernández hacia La Habana. Con él, el cl. Rogelio Salabarría, cmdte. Roberto Oquendo, cmdte. José Soto Cervantes, tte. Inocente Bonilla, srgto. Francisco Soto, tte. Herminio Moreno, Dr. Aurelio Ituarte de la Salana, tte. del Ejército Nacional R. Cruz, tte. Miguel López, sgto. Arcadio Alzola, Dr. Pérez de Corcho, sgto. Ramón Darias, Dr. Eduardo Montero, tte. Domingo Alvarez, el sr. Ward, administrador del Banco de Canadá en Morón, y Manuel Espinosa (Archivo de Fabio B. Hernández)

Foto tomada en el aeropuerto de Morón, momentos antes de la partida de Blas hacia La Habana tras el derrocamiento del régimen de Machado. Junto a él, el piloto, y a la extrema derecha, el empleado de correos de Morón Timio Companioni. El grupo que aparece de izquierda a derecha incluye a Jacinto Llanes, empleado de correos de Morón, a Rogelio Salabarría, al Dr. Aurelio Ituarte, y detrás a Ramiro Hernández, hijo de Blas Hernández. Junto al coronel, Charles Ward, administrador del Banco de Canadá. (Archivo de Mario Hernández).

El coronel Fulgencio Batista, coronel Blas Hernández y el Presidente de la República Ramón Grau San Martín en La Habana, octubre de 1933 (Archivo de Fabio B. Hernández)

SEGUNDA PARTE

REVOLUCIONARIOS AL PODER: AMBICIÓN, TERRORISMO E INTRIGA EN LA REVOLUCIÓN DE 1933

CAPÍTULO I

Conducta pública de los miembros de la generación de 1930. El artículo de Sergio Carbó para el *Diario de la Marina* de 17 de noviembre de 1933. La interpretación de los sucesos de Atarés según el ABC.

La conducta pública de los miembros de la generación de 1930 debería servirnos de lección. Las nuevas generaciones desconocen la historia de la corrupción política de los sargentos, de los estudiantes del Directorio Estudiantil, y de los miembros del ABC. El juicio de Sergio Carbó, íntimamente ligado al gobierno del 4 de Septiembre, sobre los sucesos de Atarés, no debe pasarse por alto, pues Carbó fue el máximo responsable e inspirador del golpe de los sargentos.

En el *Diario de la Marina* de 17 de noviembre de 1933 aparecieron las declaraciones siguientes: «Casi todos los prisioneros con quienes se habla dicen que fueron a la revuelta <engañados.> Y no les falta razón. En la algaradas donde los caudillos y organizadores responsables no aparecen entre los combatientes, los reclutas pueden, con razón, considerarse víctimas de una burla sangrienta. En su mayor parte fueron gente joven, excitada y arengada por los intrigantes que quisieron sacar con ellos sus castañas del fuego. Los militares están bajo una jurisdicción especial, los extranjeros que hicieron armas contra la República deben ser expulsados enseguida, por ingratos y perniciosos, y los paisanos deben ser puestos en libertad sin dilación. Yo estoy seguro de que no hay un cubano que conscientemente le haga el caldo gordo al extranjerismo. Es necesario nacionalizar el país de una manera efectiva y que el cubano disfrute de su tierra.»

Ni Carbó, ni Batista, ni Guiteras, ni los miembros del Directorio Estudiantil Universitario, aparecen entre los combatientes de Atarés. La mayoría de la juventud cubana aprobó el movimiento. Desde el 4 de septiembre hasta la expulsión de Grau en enero de 1934, Sergio Carbó disfrutó del automóvil blindado de Machado. Batista se apoderó también del blindado del general Alberto Herrera, y Antonio

Guiteras, para no ser menos, puso a su disposición el coche blindado de Zubizarreta, Secretario de Gobernación de Machado. Sergio Carbó y Batista son los máximos responsables de la destrucción del ejército como institución. Se trata de una verganza personal y también política.

En La Habana funcionaba la sociedad Círculo Militar y Naval, con Casa Club en el Campamento de Columbia, y otra en la playa de Marianao con 300 socios civiles, quienes pagaban cuotas más altas que los militares. Durante varios años Ricardo Adam Silva fue su secretario. Después de la renuncia de Adam Silva, Sergio Carbó ingresó como civil. Lo interesante del caso es que Carbó fue expulsado por conducta impropia probada. Y entonces juró que acabaría con la oficialidad del ejército, juramento que llegó a cumplir más adelante. Machado salió de Cuba el 12 de agosto, y el 16 regresó Carbó. Vivía en una casa grande en El Vedado. Dicha vivienda estuvo muy concurrida por toda clase de gente, inclusive sargentos del ejército y entre ellos, Batista. Y como en esa época Carbó era un consumado leninista, que ya había escrito su libro de propaganda *Un viaje a la Rusia roja*, no fue cosa casual que las primeras peticiones de los sargentos fueran las mismas que señaló Lenin, cosa que explica con lujo de detalles Ricardo Adam Silva en la primera edición de *La gran mentira*.

La interpretación del ABC sobre la insurrección del 8 de noviembre es la siguiente: «El origen militar es tan obvio que no necesita demostrarse. Del Cuerpo de Aviación se propagó rápidamente a los cuarteles Brigadier Ávalos, San Ambrosio y Atarés, así como a numerosas guarniciones de esta provincia y a algunas restantes de la isla. Otros destacamentos no respondieron por indecisión o timidez, aunque estaban comprometidos a hacerlo. El ABC tuvo conocimiento oficial de esta conspiración cuando se hallaba muy avanzada. Trazado su plan por militares, cuya pericia técnica debe en principio ser admitida, no le pareció discreto ni conveniente al ABC intervenir en la dirección del movimiento, como hizo la llamada Junta Revolucionaria del 4 de Septiembre con el cuartelazo de los sargentos. El ABC se limitó a comprometer su cooperación en una forma muy concreta y previamente especificada. Que aportó con creces y con indiscutible eficacia lo prometido, es cosa de la cual existe el irrecusable testimonio popular.»

«El movimiento tenía un propósito rectificador grato al ABC. Se trataba retroceder el proceso revolucionario al momento en que quedó trunco por una impaciencia suicida, aliada a una ambición criminal. El ABC, que había dado impulso revolucionario al gobierno indeciso y moroso del doctor Céspedes, exigiendo y obteniendo la disolución del Congreso, la derogación de todas las leyes injustas del Machadato y la decisión de convocar a una Asamblea Constituyente, previa a otra consulta del electorado y que se disponía a preparar el desarrollo de su Programa de renovación integral de la vida pública cubana, iba a tener la oportunidad de reanudar, en el punto mismo de su cese, aquel interrumpido proceso revolucionario.»

«Frente a Grau, personero de una situación indeseable, debatiéndose en el caos y en la anarquía, Céspedes significaba la autoridad sólidamente apoyada en la diversas clases sociales, la pronta reconstrucción del país en todos los órdenes y la franca posibilidad de desarrollar un programa revolucionario con el mínimo desgaste a que era posible someter a un pueblo cuya depauperación lindaba ya con la indigencia. En cuanto a lo episódico del movimiento, poco puede decirse que no sea del dominio público.»

«La acción militar culminó trágicamente en la masacre de Atarés. El ABC, muchos de cuyos hombres perecieron heroicamente en la defensa de esa fortaleza, no cree que sea éste el momento de depurar responsabilidades ni hacer inculpaciones. Atarés no puede ser considerado más que como un episodio, muy doloroso ciertamente, en lucha de justas reivindicaciones que están apenas en su comienzo. En cuanto a la acción abecedaria, en la parte que a ella concernía y aún más allá de sus límites, el ABC se siente orgulloso del valor, disciplina y entusiasmo de sus hombres, que una vez más han probado su capacidad de heroísmo y martirio.»

«La defensa valerosa, casi temeraria, de un puñado de abecedarios hizo posible la resistencia del Cuerpo de Aviación durante varias horas, ante el ataque de un contingente militar mucho más numeroso y mejor equipado. En la mañana del miércoles 8, todas las estaciones de policía estaban en poder de las fuerzas abecedarias, según la consigna convenida. Puede decirse que, prácticamente, La Habana fue del ABC por muchas horas. Si, no obstante ello el movimiento no alcanzó el éxito fulminante que era de esperarse, culpa no fue del ABC que cumplió su cometido más allá de los presupuestos acordados.»

«Si de la dirección general del movimiento no puede hacerse responsable al ABC, menos aún podría imputársele la participación improvisada que tuvieron en el mismo algunos elementos de apócrifa o dudosa ejecutoria revolucionaria. Quienes han querido hacer ver una confabulación del ABC, por su actuación durante el Machadato y después de él, está a salvo de toda sospecha.» Hasta aquí la parte del Manifiesto del ABC, publicado el 18 de noviembre de 1933, en el *Diario de la Marina*, que tiene que ver con la masacre de Atarés.

En el Manifiesto del ABC se condena «el funesto cuartelazo del 4 de septiembre que sembró la división en la familia cubana y creó un franco estado de conspiración en todo el país.» El gobierno Grau San Martín-Batista, compuesto por una minoría, afirman los abecedarios, asaltó el poder por sorpresa para satisfacer «ambiciones demagógicas y fatuas impaciencias juveniles.» Es, además, «un gobierno que carece de hombres aptos y que ha desquiciado con su favoritismo el sistema burocrático.»

A fines de octubre de 1933, asegura el ABC, «el gobierno Grau San Martín-Batista tenía en contra suya a toda la población. Grau San Martín...había también demostrado carecer de las dotes de gobernante indispensables para una situación tan delicada.» La revolución, se reitera en el Manifiesto, había caído en manos de una minoría torpe e insensible. Para un gobierno que se cerraba al clamor popular, no había otra alternativa que la conspiración y la sublevación. En esas circunstancias, «la masa abecedaria que...veía frustrarse los propósitos y el ideario de una revolución que tanto había contribuido a hacer, por la brusca interferencia de una ambiciosa confabulación militar, culpablemente estimulada por una minoría juvenil inexperta [referencia al Directorio Estudiantil Universitario], alguno que otro hombre de buena fe, equivocado o ingenuo y unos cuantos demagogos logreros y audaces,» en esas circunstancias, es necesario repetir, el ABC decidió integrarse a la conspiración contra el gobierno Grau San Martín-Batista.

En la historia política de Cuba no ha habido una organización revolucionaria y política más oportunista e inconsistente que el ABC. Las claudicaciones ideológicas de sus dirigentes van más allá del escándalo público y son motivo de eterna vergüenza para la historia política de Cuba. Los dirigentes del ABC que condenaron el funesto cuartelazo del 4 de septiembre porque dividió a la familia cubana y creó un estado de conspiración en todo el país por la interferencia culpable de los sargentos estimulada por una minoría juvenil o inexperta, decidieron, cuando Batista echó a Grau San Martín y a los estudiantes del poder, colaborar con el gobierno de Carlos Mendieta-Batista.

Jorge Mañach, Joaquín Martínez Sáenz y Emeterio S. Santovenia fueron ministros del gobierno Mendieta-Batista, que tenía el centro del poder en el Campamento Militar de Columbia. Desde entonces, los dirigentes abecedarios hicieron tabla rasa de su programa e ideario, y fueron fieles y firmes colaboradores y sostenedores de Batista. Su asociación con Batista les produjo beneficios económicos, pero también se hicieron cómplices de sus crímenes, de sus robos al erario público y de la corrupción de su régimen. Uno no puede explicarse, ¿cómo fue posible que hombres cultos y universitarios como Emeterio S. Santovenia, Jorge Mañach, Carlos Saladrigas, Joaquín Martínez Sáenz y Francisco Ichaso hayan sido colaboradores de un sargento audaz e indocumentado? Jorge Mañach es el único de los citados que se separó del grupo y combatió la última dictadura de Batista.

¿Cómo es posible que Justo Carrillo califique a Carlos Saladrigas de estadista, cuando desde 1933 hasta su muerte, no fue otra cosa que un incondicional, un amanuense político de Batista? Un estadista, de acuerdo con la definición del *Diccionario de la Lengua Española*, es «Un descriptor de la población, riqueza y civilización de un pueblo, provincia o nación. 2. Persona versada en los negocios concernientes a la dirección de los Estados, o instruida en materia política.» Comparemos la trayectoria política de José Antonio Saco, que sí fue un estadista, con la de Saladrigas y veremos el abismo moral y ético que hay entre uno y otro. ¿Dónde están los estudios políticos, sociales y económicos de Saladrigas que lo acrediten como estadista? ¿Cómo una persona versada e instruida en materia política como dicen que lo fue Saladrigas, pudo avenirse a colaborar con un sargento criminal e indocumentado?

¿Cómo fue posible que los abecedarios, que acusaron al gobierno Grau San Martín-Batista de ser responsable de la masacre de Atarés, donde fue asesinado Juan Blas Hernández, tres meses más tarde, en enero de 1934, se convirtieran en colaboradores del gobierno Mendieta-Batista? No nos engañemos, el centro del poder estaba en Columbia y lo ejercía Batista. Los abecedarios que murieron en Atarés no fueron un obstáculo para que sus dirigentes se convirtieran en colaboradores de los sargentos que habían homenajeado a Machado en Columbia. ¿No es extremadamente vituperable la colaboración entre los sargentos asesinos de Atarés y sus enemigos de la víspera, los terroristas del ABC? Al ser expulsados del poder por Batista los jóvenes universitarios del Directorio Estudiantil Universitario, su puesto lo ocuparon los abecedarios. Aquí tenemos la historia de la democracia en Cuba. Desde el día 4 de septiembre de 1933, uno de los más nefastos de la historia de Cuba, día aciago en que los valores morales del pueblo cubano se invirtieron, Batista y su ejército comenzaron a gobernar desde el campamento militar de Columbia.

CAPÍTULO II

La constitución del Directorio Estudiantil Universitario y su conexión con el ABC en las primeras etapas de la lucha contra Machado. Responsabilidad por las acciones terroristas del ABC y del DEU.

El Directorio Estudiantil Universitario se constituyó oficialmente, según Justo Carrillo, el domingo 28 de septiembre de 1930, en una reunión que tuvo por escenario las aulas de una escuela privada de la calle San Rafael, en las proximidades del parque Trillo en La Habana, integrada por un grupo heterógeneo de estudiantes que, entre altas y bajas, llegó a contar con treinta y seis miembros. «Allí mismo,» prosigue Carrillo, «quedó convenido realizar una manifestación de protesta el siguiente día 30, confirmándose que celebraríamos una asamblea en el Patio de los Laureles, terminada la cual saldríamos en manifestación hacia la residencia del ilustre pensador Enrique José Varona en la calle 8 del Vedado como hicieron tres años antes, el 30 de marzo de 1927, los estudiantes que protestaban la prórroga de poderes» (Carrillo, 18). Pero debido a las medidas de seguridad tomadas por el gobierno en los alrededores de la Universidad y en las guarniciones militares de la capital, se impuso un cambio y surgió la consigna «Todos al parque Eloy Alfaro,» en la calle Infanta, para desde allí partir hacia el Palacio Presidencial.

En una conferencia pronunciada por Raúl Roa en el Teatro Principal de Camagüey, el 6 de abril de 1949, titulada «Enrique José Varona en su Centenario,» el autor nos cuenta: «En días ya muy cercanos al 30 de septiembre, se constituyó el Directorio Estudiantil Universitario. La tángana fue acuciosamente planeada y comprendía los extremos siguientes: Manifiesto al pueblo de Cuba, asamblea en el Patio de los Laureles contra los crímenes y latrocinios del gobierno, manifestación a casa de Enrique José Varona y rompimiento de hostilidades con el gobierno.» En un largo artículo de Raúl Roa, publicado el 30 de septiembre de 1955, y titulado «Trejo vuelve al camino,» se evoca con lujo de detalles la muerte de Rafael Trejo. Y se afirma quiénes integraron el grupo inicial del Directorio: Carlos Prío Socarrás, Martínez Arango, Raúl Roa y Rafael Trejo.

A ese grupo se sumaron Willy Barrientos, Rubén de León, Justo Carrillo, Rafael García Bárcena y José Sergio Velázquez, que a su vez trajeron a otros elementos muy valiosos. La manifestación la componían entre 80 y 100 personas cuando se puso en marcha. En el choque que se produjo entre estudiantes y policías, Rafael Trejo fue herido de gravedad y murió al día siguiente. El documento publicado el 30 de septiembre no fue firmado por el Directorio y fue redactado por Raúl Roa. A partir de esta fecha no dejaron de estallar bombas y de publicarse proclamas a lo largo de Cuba. Se inició una larga lucha contra la tiranía de Machado que dura hasta nuestros días.

En septiembre de 1931, un grupo de amigos constituyó el ABC. «El ABC,» escribe Alfredo Botet, «tuvo que vincularse con el Directorio Estudiantil Universitario, y en todo lo que restó del año 1931 estuvo a la par organizando sus fuerzas, manteniendo una campaña terrorista, que lentamente comenzó a desmoronar la dictadura.» El ABC, como señala Joaquín Martínez Sáenz, logró integrar una disciplinada y armónica máquina de combatientes. Al comenzar sus actividades se acercaron al Directorio Estudiantil con el asalto de las estaciones de policías: «A los aspirantes a ingresar al ABC se les preguntaba si estaban dispuestos a participar en atentados personales y otras cosas por el estilo.» Emeterio Santovenia, fundador del ABC, y Raúl M. Shelton, en el tomo III de *Cuba y su historia*, narran cómo el ABC fue organizado bajo la inspiración del talentoso abogado Joaquín Martínez Sáenz y que una de sus finalidades era «utilizar medios de perturbación material contra el gobierno en ciudades y pueblos, ya que la brega en los pueblos resultaba inadecuada.» «El terror,» indican, «tomó ancha plaza en Cuba.» Lo que no dicen es quiénes fueron los que desataron el terror.

Hay un artículo de Eddy Chibás titulado «¿Hacia dónde va Cuba?» que arroja mucha luz sobre el pacto entre los estudiantes y los abecedarios. De ese artículo destaco literalmente el párrafo siguiente: «Al frente de la lucha revolucionaria contra el Tirano se coloca desde el primer momento el estudiantado de Cuba, dirigido por el Directorio Estudiantil Universitario de 1927, primero, y el de 1930, después. Su historia de sacrificios y su visión de nuestra condición colonial y de la raigambre de nuestros males lo capacita para marchar a la vanguardia de la Revolución... Después de cinco años de lucha agotadora del estudiantado y a raíz del fracaso de la insurrección de 1931, surge como providencia salvadora el ABC, organización revolucionaria orientada en el mismo sentido renovador que la Universidad.»

«El estudiantado disponía de hombres de acción, y no estaba interesado como clase, en acreditarse actos de terrorismo, pero necesitaba dinero para actuar. El ABC, en cambio, tenía los contactos con industriales y comerciantes capaces de dar el dinero (lo que más tarde contribuyó a modificar su línea revolucionaria) y era una organización secreta– entonces poco conocida– que necesitaba acreditarse actos de guerra para facilitar la recaudación de fondos. Se impuso el acuerdo entre el Estudiantado y el ABC»

«En la <cueva> donde Pío Alvarez y yo estábamos escondidos de los esbirros nos reunimos: Pío, Ramírez (entonces A-3), Martínez Sáenz, Hermida, Inocente Álvarez, Eduardo Sabás Alomá, Jordán, Botet, Inclán, Willy Barrientos, Morel, Grau, Portuondo y yo. La bomba de Ferreira, el asalto al polvorín de Santiago de Cuba y Flores 66, fueron tres acciones que se acreditó el ABC y que cimentaron su prestigio, facilitando extraordinariamente en lo sucesivo la recaudación de fondos por parte de esta organización, fondos que llegaban hasta los principales grupos de acción para ser invertidos en la campaña de contra-terrorismo. De todos los asistentes a la mencionada reunión sólo Martínez Sáenz y Portuondo pertenecen hoy al ABC»

«El ABC,» afirma Chibás, «tiene gran responsabilidad en el terrorismo del post-machadato. Durante el gobierno de Céspedes, los estudiantes, estando en la oposición, no recurrieron a tácticas terroristas. El ABC, en cambio, utilizó después el terrorismo para combatir el gobierno de Grau. El ABC inició el terrorismo del post-machadato. Sentó un mal precedente» (*Bohemia*, 26 de agosto 1934). Hasta aquí el juicio de Eddy Chibás y cabe preguntar ¿quién inició el terrorismo durante el Machadato? ¿Quién o quiénes sentaron ese mal precedente en el pueblo de Cuba y sobre todo en los estudiantes?

Desde la organización del ABC en el otoño de 1931, el Directorio Estudiantil Universitario decidió respaldarlo, designando a dos delegados del Directorio en la Cédula Directriz, Juan Pedro Bombino y Orestes Figueredo, los cuales abandonaron el Directorio continuando al servicio del ABC. Según Lionel Soto, en el Tomo II de su libro, página 142, la unificación entre el DEU, el ABC y el Directorio del Instituto de La Habana, que funcionaba ya desde enero de 1931, se llevó a efecto a instancias del DEU, ya que en el Instituto de La Habana funcionaba una Comisión formada por Pedro Vizcaíno, Mariano González Rubiera, Luis Orlando Rodríguez, Mario Salabarría, Julio Salabarría y Bernardo Milanés. Estos eran jóvenes adolescentes de entre dieciséis y diecisiete años.

También existían otros grupos de acción que actuaban por su cuenta y que se desprendían de la rama estudiantil. Entre los que tuvieron una actuación destacada figuran Pro Ley y Justicia, integrada por Ramiro Valdés Daussá, Santiago Álvarez, Mario Labourdette y otros; el ABC Radical, dirigido por Oscar de la Torre, y el Ala Izquierda Estudiantil, de la que formaban parte, entre otros, Aureliano Sánchez Arango, Raúl Roa, los Escalona y Gabriel Barceló Gomilla; y la Joven Cuba, fundada por Antonio Guiteras y que de acuerdo con Inés Segura Bustamante, «se proveía de fondos a través del dinero que exigía a los familiares de los secuestrados por sus seguidores, procedimiento que no parecía aprobar el pueblo.» Más adelante, en la página 33 de su libro, la profesora Bustamante ratifica: «Los secuestros y los asaltos a ciudadanos sin conexión partidista, ni política, que usaba Guiteras para obtener fondos eran métodos que estaban en profunda contradicción con la filosofía de la generación del 30, los que nunca fueron usados por el Directorio durante sus años de lucha.»

En la página 31 de su libro, Justo Carrillo nos explica las razones por las cuales el Directorio comenzó a cambiar de tácticas de lucha «que se transformaron de la protesta simple, de la agitación de prensa y de calle, de la algarada y la popularmente denominada <tángana> estudiantil, en acciones de terrorismo dinamitero y de participación y respaldo a los atentados personales.» El terrorismo intelectual y el gangsterismo universitario hacían su nacimiento. En la página 431, Carrillo especifica los asaltos realizados por los estudiantes para conseguir dinamita y preparar bombas que estallaban en establecimientos comerciales, generalmente norteamericanos, y también en centros oficiales del gobierno o residencias particulares de altos funcionarios del régimen. Termina con una frase que pertenece al realismo mágico: «El Directorio siempre se preció de no haber ocasionado víctimas personales.»

Comparemos el párrafo anterior con el que reproducimos a continuación y veremos las contradicciones de Carrillo: «El Directorio llegó a participar contra las fuerzas represivas en operaciones conjuntas con el ABC, que contaba con un extraordinario grupo de hombres de acción entre los que se destacaron, sobre todo, Mariano González Gutiérrez y Alfredo Botet. Hay que reconocer igualmente que, llevado por la pasión política, participo también en los hechos que culminaron en el descubrimiento de la preparación dinamitera del Cementerio de Colón, que fuera descubierta con posterioridad a la muerte y entierro, en su ciudad de Santa Clara, del presidente del Senado Clemente Vázquez Bello.»

En las páginas 87 y 88 del libro de Carrillo, hay un relato muy divertido, en el cual nos enteramos de cómo se frustaron las intenciones de convertirse en «secuestradores» los revolucionarios Emilio Laurent y su hermano Delfín, José Morell Romero, Manuel Rogelio Alvarez Bacallao, Edgardo Buttari, Rafael de Varona, Rafael de Jesús Iglesias, Juan Antonio Rubio Padilla, Emilio Fernández, Cándido (Pu Yi) Durán, Gonzalo de Varona y Justo Carrillo: «Exiliados en Miami, Emilio Laurent planteó que embarcáramos hacia Cuba con todas las armas y el parque que pudiéramos reunir y que, ya en territorio nacional, procediéramos a ocupar la Universidad de La Habana, en la cual, secuestrando a algunas de las figuras prestigiosas del profesorado, nos atrincheraríamos creando un foco de rebelión y rebeldía. Planes que se frustraron porque Laurent llegó tarde a Cuba, y porque los otros expedicionarios que se embarcaron en una lancha motor con el material de guerra, infortunadamente quedamos al garete estando a la vista de la costa de la isla, y cuando logramos arribar ya el dictador [Machado] era un prófugo y nuestra acción, consiguientemente, no podía llevarse a cabo.» ¿Quiénes son los reponsables de la violencia en que vive Cuba desde 1933? ¿Quiénes introdujeron en Cuba el terrorismo, los atentados personales y los secuestros?

Lionel Soto, en el Tomo II de su libro, en la página 124, escribe: «Insertos o no en el ABC, fueron los estudiantes los ejecutantes de los hechos de terrorismo. Basta recorrer los nombres ya en la historia: Alpízar, González Rubiera, Pío Alvarez, González Gutiérrez, Fuertes Blandino...Sin embargo, el halo de este martirologio y de los actos de enorme audacia y valor personal los fue cosechando, principalmente, el ABC; sin que esto quiera decir que este organismo, como tal no hubiera actuado».

«El 25 de octubre de 1932,» escribe Inés Segura Bustamante, «se descubrió uno de los atentados que miembros del Directorio, con los de otra organización secreta, preparaban contra el dictador Gerardo Machado. Un automóvil dinamitado se haría explotar en el momento en que pasara por su lado. Al recrudecerse la persecución, fueron detenidos muchos estudiantes con sus familiares, entre ellos algunos de mis compañeros del Directorio, y yo con mi madre, mi hermano Ángel y Carmen Castro, <Neneina>.»

«El 27 de septiembre de 1932,» escribe Inés Segura Bustamante en la página 49 de su «documento histórico,» «miembros del segundo Directorio, más dispuestos a la violencia que nosotros del primero, unidos al ABC, otra organización revolucionaria muy radical en sus métodos, realizaron un atentado en el que murió Clemente Vázquez Bello, presidente del Senado». El ciclo terrorista que iniciaron los miembros del Directorio Estudiantil Universitario y los del ABC no se ha cerrado. Cuba vive bajo el terror de 1930.

Hacer el relato de los atentados personales y actos dinamiteros en que participaron los miembros del Directorio Estudiantil Universitario no es el propósito de este trabajo. Mi intención es clarificar conductas criminales que se toman como heroicas, y un pueblo no puede vivir de mitos. En estas luchas, señala Eduardo Suárez Rivas al referirse a los atentados personales, se destacaron notablemente Rubén de León, Carlos Prío Socarrás, Ramiro Valdés Daussá y Alfredo Botet, miembro este último del ABC. Rubén de León relata con cierto orgullo cómo el gobierno le había puesto precio a su cabeza: «Diez mil pesos por su captura vivo o muerto.» Sin embargo, Lionel Soto, en el tomo II de su libro, en la página 107, sostiene que el gobierno publica en la prensa requisitorias y ofrecimientos de quinientos pesos «por la busca o captura vivo o muerto» de Félix Ernesto Alpízar y Rubén de León.

Rubén de León nos cuenta en la página 300 de su libro cómo a fines de 1931, Ramiro Valdés Daussá, Rafael Escalona y él fueron juzgados en un Consejo de Guerra, acusados de actos de sabotaje, invitación a la rebelión, asesinatos y de haber pretendido volar el Palacio Presidencial, utilizando como medio para ello un automóvil –el «auto bomba,»– que estaba equipado con una carga de dinamita de 300 libras, y que al explotar acabaría con Machado y todos los que se encontraban adentro. En una nota bastante cínica, Rubén de León aclara que las acusaciones «en honor a la verdad eran ciertas, menos en lo referente a los atentados.» Porque los muertos, explica Rubén de León, que se les atribuían «habían sido la consecuencia de violentos choques ocurridos en las calles de La Habana.» La participación del Directorio Estudiantil Universitario en actos de terrorismo y en atentados personales ocasionaron «muertos» que eran la lógica consecuencia de los violentos choques ocurridos en La Habana. Explicación que por supuesto acalla la conciencia de Inés Segura Bustamante que tanto se había opuesto al terrorismo estudiantil.

Pero cada cual tiene su historia que contar. Es así como Alberto Baeza Flores subraya «otra mañana entró Carlos Prío Socarrás, estudiante del Directorio, con un camión cargado de dinamita para volar a Machado y el Palacio Presidencial. El atentado no llegó a consumarse, fue delatado.» ¿Quién participó en la organización del camión cargado de dinamita para volar a Machado y el Palacio Presidencial: Rubén de León o Carlos Prío Socarrás? Carlos G. Peraza en *Machado: Crímenes y horrores de un régimen*, en la página 167, nos informa que el 25 de enero de 1932, la policía de Marianao ocupó el llamado «automóvil bomba,» deteniendo por ese hecho a los estudiantes Rubén de León, Rafael Escalona Almeida y Ramiro Valdés Daussá. Al intentar este último darse a la fuga, la policía lo persiguió a tiros, una de cuyas balas alcanzó y mató al obrero oposicionista Serafín González Jiménez. Al día siguiente, al hacer explosión una bomba conectada al teléfono de la casa Flores 66, perdieron la vida los expertos teniente Arturo Betancourt y el vigilante Salvador Baquero. De acuerdo con Lionel Soto, el atentado fue preparado el 26 de enero de 1932 por miembros del DEU o individuos ligados a éste, que ya coordinaban sus acciones con el ABC. Los participantes principales y directores fueron: Reinaldo Jordán, Eduardo Sabás Alomá y Luis Grau Castillo.

Después de agosto de 1931, un grupo de profesionales y estudiantes que participaban en los actos de terrorismo, capitaneados por un joven abogado y economista, Joaquín Martínez Sáenz, se dan a la tarea de fundar el ABC. Lionel Soto señala cómo el ABC estimuló y realizó hasta formas criminales de terrorismo –bombas explotadas en parques y lugares públicos, en tranvías, etc., que ocasionaron más de una vez la muerte, la amputación o la hospitalización de hombres, mujeres y niños inocentes; años más tarde, explicó que su objetivo en este lapso inicial era promover a toda costa un estado de inquietud nacional que desembocara en una nueva insurección armada. Rubén Martínez Villena hizo un «Breve relato del desarrollo del ABC en su etapa terrorista,» destacando la epidemia de petardos, el terrorismo, el abuso de la bomba, las casas minadas, las máquinas infernales y la realización de atentados. Raúl Roa afirmó que el ABC apeló al terrorismo como medio de lucha.

Terminada la campaña con el derrocamiento del régimen machadista, Blas Hernández comparece con sus tropas en la ciudad de Morón, donde se les rinde caluroso homenaje. Aparecen de izquierda a derecha, Francisco Negrín García, los tenientes Miguel López Ríos, Roberto Oquendo, el capitán ayudante Mario Hernández, el coronel Juan Blas Hernández, el teniente Arcadio Alzola, el comandante José Soto Cervantes y Fabio Hernández. Ante el grupo Francisco Soto, sargento y el teniente Ramón Darias. (Archivo de Mario Hernández).

CAPÍTULO III

El atentado contra Clemente Vázquez Bello. El minaje del Cementerio de Colón. Detalles de la operación. La campaña terrorista del ABC. Bombas y asesinatos. Ametrallamiento del capitán Calvo. Nefastas consecuencias.

Entre las operaciones conjuntas preparadas por el Directorio Estudiantil Universitario y el ABC, la más macabra, digna de un psicópata, fue el asesinato de Clemente Vázquez Bello, Presidente del Senado. Después de tantos años, se estremece uno de horror de los planes puestos en práctica por el DEU y el ABC. No creo que puedan llamarse ni héroes ni patriotas a los que pusieron en práctica los planes para asesinar a Vázquez Bello. Muerto Vázquez Bello se pretendía atraer a Machado, a los ministros, a los jefes del gobierno y al cuerpo diplomático acreditado en Cuba, a la tumba de los Truffin donde sería inhumado, en el Cementerio de Colón. Semanas antes, los «revolucionarios» habían dinamitado cuidadosamente los alrededores del citado panteón.

José María García –el Viejo García– participante directo de la ejecución del plan, ha relatado que él colocó 200 libras de dinamita por un lado y 150 por otro. García trabajaba como limpiador de panteones allí. Al llegar a La Habana, se ligó al DEU, especialmente a Pío Alvarez, su jefe de acción. Los técnicos oficiales juzgaron que el radio de acción de la explosión podría cubrir un área de 500 metros. Se le atribuye al ingeniero Alfredo Nogueira la proyección técnica de la voladura. Hasta aquí la versión de Lionel Soto. El golpe maestro, que hubiera tenido repercusiones internacionales indescriptibles, fue frustrado por la decisión de la viuda de Vázquez Bello de realizar los funerales en Santa Clara.

De acuerdo con Lionel Soto, en el atentado a Vázquez Bello tomaron parte, entre otros, Willy Barrientos y José Morell Romero, de los grupos de acción del DEU vinculados con el ABC. El 27 de septiembre, cuando se dirigía a su casa del Country Club, a la una de la tarde, Vázquez Bello fue acribillado a balazos. No es cierto como afirma Herminio Portell Vilá en la página 373 de su libro lleno de errores y omisiones *Nueva historia de la República de Cuba*, que Vázquez Bello fuese asesinado de un fulminante atentado en el Malecón de La Habana, «que pudiera haber recibido un A-plus de efectividad por los pistoleros de Chicago.» «A Vázquez Bello,» prosigue Lionel Soto, «se le había hecho un atentado fallido a fines de 1931, y en éste participaron estudiantes del DEU: Rubén de León, Reinaldo Jordán, Eddy Chibás y Rafael Escalona.»

En la revista *Carteles* de 17 de diciembre de 1933, aparece un relato titulado «La verdad sobre el atentado a Clemente Vázquez Bello,» por uno de sus autores. El autor de este relato es una de las personas que estaban presentes cuando se hizo fuego sobre el Lincoln No. 12 del Presidente del Senado, al mediodía del martes 27 de septiembre de 1932, desde el Cadillac No. 43,394. Su nombre, como los de sus compañeros se mantiene en reserva para evitar, como él mismo dice, «propósitos de jactancia ni deseo de exhibir gloria revolucionaria.» No creo que nadie en su sano juicio, puede sentirse orgulloso de la forma y de las consecuencias que hubiera tenido el asesinato de Vázquez Bello de haber sido enterrado en La Habana.

«Nuestro plan,» escribe el anónimo autor, «1. Muerte de Vázquez Bello, y 2. Explosión formidable en el cementerio, cuando la flor y nata del machadismo se encontrara junto a su tumba, era excelente. Para ejecutar este plan comenzamos simultáneamente a instalar una mina gigantesca en el cementerio, junto al mausoleo de la familia, donde lógicamente debía efectuarse el entierro, y a <chequear> al Presidente del Senado. En el lenguaje nuestro de la época, <chequear> quería decir averiguar cuidadosamente, durante un largo número de días, todos los movimientos de la persona sometida a observación. Ese <chequeo> lo llevaban a cabo personas de todas las clases sociales: desde criados hasta hacendados. Muchas personas de las que nadie se hubiera atrevido a sospechar, enviaban informes regulares a la sección. A Vázquez Bello se le estuvo <chequeando> durante un mes. Durante ese tiempo todos sus actos nos fueron reportados minuto a minuto.» De Vázquez Bello se sospechaba el haber convencido a Machado a seguir en la Presidencia cuando éste consideraba abandonar el cargo y permitir elecciones libres en 1932.

En el trabajo del cementerio lograron hacer una mina perfecta, lista para estallar por medio de dos fulminantes eléctricos No. 6, accionados por un dinamo y por una batería de pilas. «La mina contenía cuatro paquetes con 259 libras de dinamita y dos paquetes con 134 cartuchos de *cheditte*, alto explosivo utilizado por los ingleses para la carga de sus obuses y que produce efectos muy superiores a los de la dinamita. 700 metros de alambre de forro negro, impermeables, conectaban los fulminantes con el dispositivo de fuego.»

Se fijó la fecha del atentado para el martes, 27 de diciembre. «Dos automóviles debían participar en él, encargado uno de la ejecución y otro de proteger la retaguardia a los ejecutores. En el primer automóvil íbamos cinco personas, todas miembros del ABC. En el segundo iban estudiantes y algún abecedario. A las once de la mañana se nos advirtió que Vázquez Bello acababa de llegar al Yacht Club y para allá salimos. En la calle Primera, frente a la residencia del señor Ward, se llevó a cabo el atentado. Clemente Vázquez Bello recibió diez balazos en la nuca que le produjeron una muerte instantánea. La segunda parte del plan no se ejecutó, debido a que la señora de Vázquez Bello prefirió que lo enterraran en Santa Clara.»

La revista *Carteles* publicó una lista de las personas que fueron detenidas o acusadas por la policía de Machado de la muerte de Clemente Vázquez Bello. Dicha lista está integrada por las siguientes personas: Santiago Silva Murray, Manuel Álvarez, Alfredo Pena, Manuel Escandá, Dr. Luis Machado, Padre Casiano Reboredo, Padre Gerardo Ortega, Ing. Enrique Martínez, Alberto Belt, Guillermo Belt, Rogelio Rodríguez Perera, Guillermo Lino Barrientos Schweyer, Ernesto Carricaburu, Manuel Fernández Blanco (a) «El gallego», Alfredo Narciso Botet y Dubois, Luis Antonio Barreras, José García o Fernández, Julio Mora o de la Torre (a) «Mofuco», Lincoln Rondón, Pío Álvarez, Rafael Martínez (a) «El guajiro», Evaristo Fernández Padró y Evelio Tapia Balseiro.

El ABC amenazó, extorsionó e intimidó a cuidadanos indefensos que se negaban a cumplir sus consignas. He aquí algunos titulares de la cosecha sangrienta realizada por los grupos de oposición: «En el Parque Vidal de Santa Clara la explosión de una bomba mató a dos señoritas y al novio de una de ellas, que paseaban por la plaza contraviniendo las instrucciones del ABC.» «Un niño de cuatro años fue destrozado por una máquina infernal destinada a Orestes Ferrara, Secretario de Estado; otro de doce años pereció cuando le entregaban una máquina explosiva para que la colocara.» «González Gutiérrez, héroe abecedario, portaba la escopeta recortada de dos cañones y cartucho de perdigones con que asesinaron al capitán Calvo.» «Machado se lamenta de que no se haya dicho quién <descuartizó> al policía Cepero.»

En un artículo publicado en la revista *Carteles* el 24 de diciembre de 1932, titulado «El atentado perfecto; la verdad acerca del atentado del capitán Calvo,» por uno de sus autores, se afirma: «La Sección de Acción del ABC resolvió atentar contra él porque era el más eficaz de los policías al servicio de la dictadura.» Con Miguel Calvo y Herrera, jefe de la policía secreta machadista, murieron Santiago de la Rosa y Francisco Ávila Ferrer. Actos monstruosos, bestiales, bárbaros, cometidos por estudiantes universitarios e intelectuales terroristas. Estudiantes e intelectuales que gobernaron a Cuba tal y como habían combatido a Machado.

CAPÍTULO IV

Las relaciones entre el ABC y el Directorio Estudiantil Universitario. Razones por las cuales dichas organizaciones llegaron a un acuerdo según Eduardo Chibás. Figuras que intervinieron en el proceso. Enjuiciamientos.

El ABC y el Directorio Estudiantil Universitario habían tenido su luna de miel, que se rompió cuando los abecedarios decidieron colaborar con el embajador norteamericano y enviado especial, Benjamín Sumner Welles. Al organizarse el ABC en el otoño de 1931, el Directorio Estudiantil Universitario no sólo los respaldó sino que, como hemos visto, designó a los universitarios Juan P. Bombino y Orestes Figueredo, como sus delegados en su Célula Directriz. En *Cuba 1933*, Carrillo reprocha con dureza la conducta de Bombino y Figueredo porque al decidir el Directorio Estudiantil Universitario retirar la representación que tenía en el ABC, en agosto de 1933, los universitarios abandonaron el DEU y permanecieron como dirigentes del nuevo instrumento de lucha. «Bombino y Figueredo,» escribe con aspereza Carrillo, «realizaron una transferencia de lealtades,» pasando por alto «que el más elemental de los deberes los obligaba a acatar la disposición del Directorio Estudiantil Universitario. Ni Bombino ni Figueredo dieron prueba de fidelidad a los principios fundamentales que habían motivado sus designaciones.»

Merece recordarse el artículo antes citado «¿Hacia dónde va Cuba?» de Eduardo R. Chibás, en el que se explican las razones por las cuales se llegó a un acuerdo entre el Directorio y el ABC, dónde se llevó a efecto y quiénes lo tomaron. La cita es larga, pero merece reproducirse: «El Estudiantado disponía de hombres de acción, y no estaba interesado como clase, en acreditarse actos del terrorismo, *pero necesitaba dinero para actuar*. El ABC, en cambio, tenía los contactos con industriales y comerciantes capaces de dar el dinero (lo que más tarde contribuyó a modificar su línea revolucionaria) y era una organización secreta —entonces poco conocida— que necesitaba acreditarse actos de guerra para facilitar la recaudación de fondos. Se impuso el acuerdo entre el Estudiantado y el ABC.»[10]

Marcos Antonio Ramos cree ingenuamente que en ocasiones Carrillo se inclina favorablemente, con fervor amistoso y lealtad ideológica, o como resultado del compañerismo revolucionario, hacia ciertos personajes. No hay ni lo uno ni lo otro. El celo de Carrillo en condenar la deserción de Bombino y Figueredo contrasta con su conducta de silenciar los nombres de los estudiantes del Directorio que se pasaron a la oposición enarbolando la consigna de «King Kong, que se vaya Ramón.» Pero Fidel Fernández Zayas se lo recuerda en un artículo titulado «Cuba 1933: absurdos y falsedades.» Y Rubén de León consigna los nombres de los estudiantes universitarios, miembros del DEU, que se desgañitaban alrededor de Palacio, cantando la famosa consigna.

Polita Grau en «Me apena el libro de Justo Carrillo,» confirma el testimonio de Zayas y León, al testificar que cuando aquellos actos de calle tenían lugar, «en Palacio estaban Tony Varona, Cuco López, Willy Barrientos, Luis Barrera, Carlos Guerrero, Pepelín Leyva, Laudelino González, Raúl Oms, Juan Febles, Lincoln Rodón, Nena Segura, Silvia Martell, Sarita Llano, Lulú Durán, el inolvidable <loco> Alonso, José Morell Romero, Julio César Fernández, Roberto Lago.» Según su testimonio, «Rubén de León cayó preso y nos mandó una nota: <Sigan peleando. Yo no importo.> Carlos Prío y Juan Antonio Rubio Padilla habían salido de Cuba para Montevideo.» ¡Con qué desparpajo se escribe la historia!

Alberto Baeza Flores considera el libro de Carrillo un aporte importantísimo, una «pieza histórica» que faltaba en el crucigrama de Cuba en el siglo XX. En Cuba, son palabras de Pepín Rivero, hemos tenido «empresarios poderosos y plumíferos sinecurados de todas las épocas, parásitos del periodismo y del presupuesto nacional...críticos insulsos,» «articulistas simplones,» «cronistas olorosos,» e «improvisados directores de periódicos.» Lo mismo hemos tenido y tenemos en el exilio. ¿Puede ser seria y orientadora una crítica que está en

---

[10] Eduardo R. Chibás, el gran demagogo, con su crítica insensata y demoledora, es uno de los máximos responsables de la quiebra institucional de la Républica. Con él nace el periodismo baladrero que tanto contribuyó a debilitar las inestables instituciones democráticas del país.

semejantes manos? ¡Cuánta falta de rigor académico hay en la mayoría de los artículos que se han escrito sobre los libros de Carrillo, Lancís e Inés Segura Bustamante!

A partir de su rompimiento con el Directorio Estudiantil Universitario, el ABC acata la intromisión de Welles en los asuntos internos de Cuba y decide sentarse en la mesa de la Mediación. Justo Carrillo y Juan Antonio Rubio Padilla consideran la conducta del ABC como una traición al Manifiesto Programa y a los principios expuestos en el mismo: «El ABC acordó incorporarse al proceso de intervención de los Estados Unidos, acuerdo que adoptó la Célula Directriz el 14 de junio de 1933» (Carrillo, 53).

Por su parte Eduardo R. Chibás califica al ABC de «mediacionista y aliado de la vieja política.» Y Chibás añade: «Cuando surge la Mediación (mediación de Wall Street en nombre de la Enmienda Platt, entre su antiguo aliado Machado y la Oposición, para substituir amistosamente el Tirano con su hombre servicial que no tuviera la tacha sangrienta de la Bestia) se dividen entonces el ABC y el estudiantado. El ABC acepta la mediación. El DEU la rechaza al grito de: ¡Abajo Machado! ¡Abajo la Mediación! ¡Por Cuba libre y soberana!» ¿Cómo calificar la conducta de Juan Antonio Rubio Padilla, Justo Carrillo y Eduardo R. Chibás, el 4 de septiembre de 1933, abrazándose en el campamento militar de Columbia con los sargentos que ofrecieron un homenaje a Machado el 10 de octubre de 1930? Esos sargentos con los cuales se abrazaron Padilla, Carrillo y Chibás, ¿no prometieron defender a Machado y a su régimen hasta sus últimas consecuencias?

Rubio Padilla, que ha repudiado su intervención en el libro de Carrillo, relata la visita que Jorge Mañach y otros abecedarios hicieron a Columbia en la madrugada del 5 de septiembre de 1933 para proponerle a Batista que desechara el programa del Directorio y adoptara el del ABC. Los abecedarios, de ser cierto lo que narra Rubio Padilla en la página 205, le habían propuesto a Batista «que si el golpe de los sargentos desechaba el programa del Directorio, adoptaba el programa del ABC y les daba el poder exclusivamente a los abecedarios, ellos estaban dispuestos a aceptar y respaldar políticamente el golpe revolucionario de los sargentos.» Ese mismo 5 de septiembre, Martínez Sáenz, Carlos Saladrigas, Miguel Mariano Gómez, el general Menocal, Mendieta y Méndez Peñate, la flor y nata de la política cubana, ensuciaban la dignidad soberana de la República, en una reunión celebrada con Welles, en la cual los dirigentes políticos cubanos le aconsejaban al diplomático norteamericano «desembarcar cierto número de tropas de los barcos norteamericanos.» ¡Qué golpe hubiera sido éste para Blas Hernández!

Para demostrar la ligereza, irresponsabilidad y falta de seriedad de una crítica insulsa que no tiene fundamento ni histórico ni literario, voy a señalar dos ejemplos de la preferencias de Carrillo por politicastros, bombines, y terroristas intelectuales, cuya conducta cívica deja bastante que desear y que, desde luego, no es ejemplo que debe imitar la juventud cubana. En la página 37, Carrillo dice que los integrantes del gabinete de Céspedes eran «títeres todos ellos del Embajador norteamericano Benjamín Sumner Welles;» en ese gabinete figuraron Joaquín Martínez Sáenz, Carlos Saladrigas, Eduardo J. Chibás y José Antonio Presno. Lógico que para Carrillo, Martínez Sáenz, Saladrigas, Chibás y Presno eran títeres de Welles.

En las páginas 59 y 60 de su libro, dice Carrillo que el ABC traicionaba los principios que había expuesto en su Manifiesto Programa y que se plegaba a los Estados Unidos; la Célula Directriz del ABC estaba integrada por los siguientes miembros titulares: Joaquín Martínez Sáenz, Carlos Saladrigas, Ramón O. Hermida, Alfredo Botet, Juan Pedro Bombino, Orestes Figueredo y Manuel Martí, por cinco miembros suplentes, y por tres adjuntos y un secretario que eran Jorge Mañach, Francisco Ichaso, Juan A. Lliteras y Aurelio Espinosa.

Lógico es suponer que, de acuerdo con Carrillo, los miembros de la Célula Directriz traicionaron el programa del ABC y se plegaron a los Estados Unidos. Carrillo y Rubio Padilla, como la mayoría de los hombres de su generación, son incoherentes y desorganizados. En la página 66, al hablar de las características del gobierno de Céspedes nos enteramos que los títeres del gobierno de Céspedes, Chibás y Presno, son «dos hombres prestigiosos.» Yo no entiendo cómo se puede ser títere y a la vez prestigioso, porque Carrillo es enfático cuando en la página 37 afirma que «todos ellos,» eran títeres del embajador norteamericano Benjamín Sumner Welles.

En la página 111, por obra de la dialéctica malabarista de Carrillo, Jorge Mañach es «la mente más culta y articulada de Cuba, una vez desaparecidos nuestros grandes hombres nacidos en el siglo anterior, y también destacado dirigente del ABC.» Y en la página 206, leemos entre asombrados y desconcertados que Rubio Padilla declara que la afirmación que Mañach le había hecho sobre lo discutido con Batista el 5 de septiembre de 1933, «era totalmente falsa.» En buen romance, Padilla califica a Mañach de mentiroso. Es preciso añadir algún comentario a lo de «títere,» «traidor a sus principios,» «plegado a los intereses norteamericanos» y «mentiroso:» Son cosas de mi país, hermano.

El segundo ejemplo se refiere a Carlos Saladrigas. En la página 320, leemos «gozando Saladrigas de la más alta estimación de Sumner Welles, quien lo consideraba como el único estadista de los grupos juveniles...» En la página 324, Carrillo añade de su propia cosecha, al referirse a Saladrigas, que «el verdadero estadista nunca es un hombre de acción, puesto que la sutileza de configurar el porvenir del Estado a medio y largo plazo no se concilia con la inmediatez del ejecutivo de la violencia.» La ductilidad e incoherencia de Carrillo no tienen explicación. Para destacar la importancia de Saladrigas, cita la opinión de Welles a quien Carrillo «situaba a la misma altura moral del guajirito de Banes»(279), y al que califica despectivamente de «despreciable diplomático» y el de «ser un extranjero pernicioso»(301). Estadista, de acuerdo con María Moliner es «la persona que se ocupa en la dirección de un Estado,» cosa que no hizo Saladrigas, que descendió a ser funcionario del «guajirito de Banes,» que estaba a la misma altura moral de Welles.

«Estadista» es, según la última edición del *Diccionario de la Real Academia*, «1. Descriptor de la población, riqueza y civilización de un pueblo, provincia o nación. 2. Persona versada en los negocios concernientes a la dirección de los Estados, o instruida en materia de política.» Saladrigas no fue, como José Antonio Saco, descriptor de la población, riqueza y civilización de la nación cubana; Saladrigas fue el clásico bombín, oportunista y politiquero. Colaborador de las peores causas políticas, es responsable de colaborar con Céspedes, y luego traiciona su ideología política; colaboró con Batista, y luego se puso a la misma altura moral del «guajirito de Banes.» Todavía no he podido comprender cómo Fermín Peinado Espino, que tiene una sólida y profunda formación filosófica, y que fue miembro del ABC, se prestó a colaborar en una obra donde se acusa a los abecedarios de haber «traicionado» su Programa político y de haber sido «títeres» del embajador Sumner Welles. ¿Dónde está el rigor crítico de Carrillo y la de los que lo acompañan en su aventura histórica?

«El ABC y los viejos caudillos,» concreta Raúl Roa, «se ponen, dócilmente, al servicio de Welles.» Y más adelante agrega que «por obra de un cuartelazo urdido por Sumner Welles y del mero traspaso del mando al ABC y a los viejos caudillos mediacionistas,» se produjo «el más abominable escamoteo que registra nuestra historia republicana». El gobierno de Mendieta, donde colaboraron Martínez Sáenz y Emeterio Santovenia, indica Rubén de León, «se apoyaba solamente en el criterio de la Embajada norte y en el del propio Batista.»

De nada debemos asustarnos los cubanos, ni siquiera del alacrán tumbando caña. ¿No declaró, en 1948, contrito, Joaquín Martínez Sáenz, fundador y jefe máximo del ABC, organización secreta que despachó sin miramiento alguno a cuanto machadista se le puso a tiro, que el vituperado jerarca –Gerardo Machado y Morales– dejó trazadas las pautas del nacionalismo revolucionario y la armadura económica indispensable para la recuperación de la tierra, el fomento de la industria y la reconstrucción nacional?

«Los abecedarios,» escribe Calixto C. Masó, se caracterizaron «por su falta de consistencia política» y dieron muestra «de la capacidad del cubano para la conspiración y el terrorismo.» El ABC traicionó las esperanzas del pueblo de Cuba, lo mismo que el Partido Auténtico y el Movimiento 26 de Julio, y se convirtió en una organización política oportunista y sin escrúpulos. Colaboraron con Céspedes, Mendieta y Batista. El 1o. de junio de 1944 fueron a las elecciones aliados con los liberales, los comunistas y los conservadores. Es cuando Justo Carrillo, olvidándose del ideario del 30, decide realizar una transferencia de lealtad y viaja con Carlos Saladrigas, candidato a la Presidencia frente a Ramón Grau San Martín, en el tren de la victoria. Desde el 10 de marzo de 1952 hasta el 31 de diciembre de 1958, Saladrigas (hasta su muerte), Martínez Sáenz, Santovenia y otros destacados abecedarios, colaboraron con la dictadura de Batista que le abrió las puertas al comunismo internacional.

CAPÍTULO V

La Mediación y los mediadores. El rechazo de la intervención de EE.UU. en el proceso mediacionista. Resquebrajamiento de la unidad abecedaria.

Elegido Presidente de los Estados Unidos en 1932, Franklin Delano Roosevelt deseaba cambiar la imagen que su país tenía en Hispanoamérica. La política del «buen vecino,» subterfugio doctrinal al servicio de los intereses económicos norteamericanos, estaba encaminada a lograr estos objetivos. Hubo un cambio de tácticas y procedimientos, pero no de intenciones y propósitos. El intervencionismo militar fue sustituido por el diplomático. Los métodos empleados fueron y son más sutiles, hipócritas y sofisticados. La ingerencia norteamericana en los asuntos internos hispanoamericanos con la complicidad de los militares, de la oligarquía y de los políticos tradicionales hicieron y hacen posibles las dictaduras que hemos padecido, que padecemos, y que padeceremos. Las presiones y amenazas económicas y militares han sido un arma más útil que el desembarco de marinos. Se le ha puesto un bozal a la democracia, desestabilizando económica y políticamente a nuestros pueblos. La Cuba de 1933 y 1958 son ejemplos clásicos de hasta dónde llega el intervencionismo norteamericano en los asuntos internos de Hispanoamérica.

La política del «buen vecino» comenzó a funcionar en Cuba cuando el 15 de abril de 1933, el Presidente Roosevelt designó al Subsecretario de Estado, Benjamín Sumner Welles, Embajador de Estados Unidos en Cuba para que «mediara» entre el gobierno de Machado y la oposición política y revolucionaria, con el fin de llegar a un acuerdo que solucionara el conflicto político y la grave situación económica por la que atravesaba el país. Un mes antes, el 23 de marzo, los políticos tradicionales, exilados en Miami, ante la perspectiva de que el gobierno de Roosevelt interviniera en Cuba para resolver la situación política, decidieron constituir la Junta Central con el fin de presentar un frente único de oposición a la dictadura de Machado. Tan pronto se hizo público el nombramiento de Welles, la Junta sin pérdida de tiempo y con un oportunismo digno de mejor causa, divulgó en Nueva York un Manifiesto en que declara «que aceptaría la mediación del gobierno norteamericano para llegar a la solución de la crisis, si se invitara oficialmente a la Junta a negociar y se cumpliera el programa (económico y social) que dicho organismo acuerde.»

En la Junta Central de Miami y en la Junta Cubana de Oposición de Nueva York estuvieron presentes y se adhirieron a sus planteamientos el Directorio Estudiantil Universitario y el ABC. El 7 de mayo salió rumbo a La Habana el Embajador Welles, «que ya traía un plan hermético, invariable, y era destruir rápidamente a Machado y de paso destruir el <status económico,> estableciendo nuevas interferencias financieras y políticas. Su técnica consistió en decir que sí a todos los cubanos y combatir a sangre y fuego todo lo machadista» (Ramón Vasconcelos).

En un ambiente de recelos, intrigas y sospechas se creó el Comité Conjunto de la Mediación, cuya finalidad era discutir en Mesa Redonda la reforma de la Constitución, acortando el mandato presidencial de Machado, a la vez que se restablecía la libertad de prensa, se modificaba el Código Electoral y se ponía en libertad a los presos políticos. La Mesa Redonda, presidida por Cosme de la Torriente, era, según señala José Duarte Oropesa, «un verdadero ajiaco de representaciones sin representados.» La historia de esta versallesca y anti-revolucionaria trama es complicada, larga y llena de oscuridades. El Directorio Estudiantil Universitario, el Ala Izquierda Estudiantil y Menocal no participaron ni aceptaron la mediación. Según el historiador comunista Julio Le Riverend, el Directorio Estudiantil Universitario no participó en la Mediación porque «puso como condición, que no le fue admitida, que se designara como mediadores, junto con Welles, a dos representantes de países latinoamericanos» (Le Riverend, 276).

El Directorio Estudiantil Universitario, el 3 de agosto, decidió retirar del ABC la Delegación que tenía en la Célula Directriz y en la Comisión Técnica, debido a la participación del ABC en la mediación. Hecho que tuvo las siguientes consecuencias: «Dentro del ABC se produjo de inmediato un cisma. Un grupo procedente de las células de acción se separó, encabezado por Oscar de la Torre, y fue a unirse al Directorio en su postura anti-mediacionista con el nombre de ABC

Radical. Lo mismo ocurrió en la Organización Celular Radical Revolucionaria (OCRR): un desprendimiento de ella dirigido por Alfredo Nogueira, con el nombre de Unión Celular Radical Revolucionaria (UCRR), formó filas con el Directorio. Dos otros grupos se organizaron rápidamente y fueron a engrosar las fuerzas contrarias a la Mediación: el Ejército Caribe, un pelotón de universitarios armados, y la agrupación Pro Ley y Justicia, de Ramiro Valdés Daussá y Mario Labourdette, compuesta de estudiantes y jóvenes.» (Duarte Oropesa, Tomo II, 412). A su vez, según relata Justo Carrillo, en la página 60 de *Cuba 1933*, los delegados del Directorio ante el ABC, Juan Pedro Bombino y Orestes Figueredo, decidieron abandonar el DEU y permanecer como dirigentes del ABC.

Durante las celebraciones de la caída de Machado, un grupo compuesto por el Estado Mayor del Primer Jefe Revolucionario, oficiales, soldados y paisanos, aparece al fondo el Ayuntamiento Municipal de la ciudad de Morón, provincia de Camagüey. (Archivo de Mario Hernández).

CAPÍTULO VI

El homenaje de los sargentos al presidente Machado en octubre de 1930. Complicidad y encubrimiento.

Ricardo Adam Silva, que ha estudiado con rigor y método histórico los acontecimientos que desencadenaron el 4 de Septiembre de 1933 en sus libros *La gran mentira: 4 septiembre 1933* y *Cuba: El fin de la República*, trabajos que se han convertido en clásicos de nuestra literatura histórica y a los que siempre habrá que volver cuando se estudie este período de nuestra historia, ha esclarecido con lucidez y documentación hechos que, por intereses personales, no mencionan los mal llamados «historiadores» oficiales de Cuba.

El 10 de octubre de 1930, ocho días después del entierro de Rafael Trejo, fundador del Directorio Estudiantil Universitario, se organizó en el Campamento Militar de Columbia, el primero de una serie de homenajes de las tropas al Presidente Gerardo Machado. Organizado por el sargento Pablo Rodríguez Silverio, que desde 1927 desempeñaba el cargo de presidente del Club de Alistados de Columbia, el acto recibió el interés de la prensa. El diario *El País*, en su última edición del 10 de octubre de 1930, informaba de lo siguiente: «Cuando desembarcó el Jefe del Estado en su automóvil, la banda del Campamento ejecutó el Himno Nacional. Luego saludaron al Primer Magistrado los sargentos que componían la Comisión Organizadora del homenaje: Pablo Rodríguez, Gonzalo García Pedroso, Otilio Rojas, Ladislao Suárez, Pedro Rojas y Aquilino Guerra.» Como se desprende de la información de *El País*, ni el presidente Machado ni el general Herrera fueron recibidos por la oficialidad superior, con lo que se infringía el Reglamento General y la Ley Orgánica del Ejército.

El sargento Aurelio Torrente Escudero ofreció el homenaje a nombre de sus compañeros. Sus palabras fueron recogidas por el diario *El Mundo*, en la edición del día 11 de octubre de 1930: «Este homenaje, señor Presidente, ha sido organizado y llevado a la práctica por los soldados del ejército. Esto tiene una importancia trascendental. Es el primer homenaje que se ofrece por la clase de tropa a un Presidente de la República, y se funda en dos verdades capitales: en la admiración y en el agradecimiento. Eso sólo basta para levantar al Presidente un monumento en todos nuestros corazones....En lo que se refiere a nosotros los sargentos, puedo declarar que es una verdad absoluta que tenemos opción al ascenso oficial, que podemos asistir a las escuelas, puestos que el Ejército reserva a los hombres capacitados... Termino, Honorable Señor Presidente, brindando por vuestra salud, por la salud de su generosa y querida familia; brindando por la Patria se conserve siempre, y si tenéis alguna vez dudas, venid aquí donde vivió Estrada Palma, aquí donde hay un grupo de hombres patrocinados por el Coronel Castillo y el General Herrera, que sabremos defenderle, porque con ello defenderemos la Patria libre.»

En su respuesta, Machado puso especial énfasis en destacar que él había sido el Presidente que había ascendido más sargentos a oficiales en lo que Cuba llevaba de vida republicana. A los alistados que asistieron al homenaje se les regaló una billetera conteniendo un peso, que ostentaba esta inscripción: «Obsequio del General Machado y Morales, 10 de octubre de 1930.» Justo Carrillo, en su libro *Cuba 1933: Estudiantes, yanquis y soldados*, afirma que entre los sargentos que se encontraban presentes y que vitorearon el discurso y despedida figuraban: Fulgencio Batista, José Eleuterio Pedraza, Ignacio Galíndez y Manuel López Migoya.

El Directorio Estudiantil Universitario asumió la responsabilidad histórica de respaldar el golpe de los sargentos, cabos y soldados de 1933, y de designar el 9 de septiembre a Ramón Grau San Martín presidente revolucionario. Y aunque parezca increíble, Eduardo R. Chibás, uno de los grandes responsables de la quiebra institucional cubana, justificó el abrazo entre los sargentos que habían homenajeado a Machado y los estudiantes universitarios que combatieron la dictadura, de la forma siguiente: «Si la Mediación se sirvió de la oficialidad del Ejército para sustituir un servidor de Wall Street, odioso y desacreditado, con un hombre gentil, ¿por qué entonces la revolución auténtica y libertadora no se iba a servir de las clases y alistados del Ejército para completar la obra de 1895? ¿Es que no hay otros precedentes en la Historia, de sargentos, cabos y soldados de línea elevados a más altos grados que el coronelato por obra y gracia de una revolución?» (Eduardo R. Chibás, «¿Hacia dónde va Cuba?» *Bohemia* 26 de agosto de 1934).

Y en el mismo artículo, Chibas se proclama partidario de los fusilamientos y de actuar con mano dura «porque en Cuba siempre ha habido triple número de guerrilleros que de libertadores:» «Las revoluciones libertadoras no pueden alcanzar el triunfo sin fusilar a los traidores al servicio del extranjero y de la reacción, como hacían Gómez y Maceo en los campos de Cuba Libre. En Cuba siempre ha habido triple número de guerrilleros que de libertadores. Por eso los libertadores tienen que actuar sin sentimentalismo, con decisión y firmeza.» Ya que Chibás hace referencia a la gesta del 95, habría que citar a Martí, representante de la mejor tradición intelectual y revolucionaria cubana: «La conquista del porvenir ha de hacerse con la manos blancas,» y no con las manos tintas en sangre de atentados personales, actos terroristas y venganzas.

Justo Carrillo, tratando de justificar el abrazo que los sargentos que homenajearon a Machado en 1930 se dieron con sus enemigos del Directorio Estudiantil Universitario el 4 de Septiembre de 1933, escribe las palabras siguientes: «pero ese acontecimiento [se refiere al homenaje de los sargentos a Machado en Columbia], aunque recogido por los periódicos, no fue advertido por el Directorio Estudiantil Universitario, que comenzaba a encabezar la lucha contra el gobierno de Machado. Ni el que esto escribe se enteró del acto, ni oyó dentro ni fuera del Directorio, al que pertenecía, comentario alguno sobre el banquete de Columbia.» ¿Cómo es posible que un acontecimiento que fue recogido y reseñado en los periódicos *Diario de la Marina*, *El País* y *El Mundo* pasara desapercibido para los miembros del Directorio Estudiantil Universitario, cuando solamente hacía ocho días que había muerto en lucha callejera uno de sus fundadores: Rafael Trejo? ¿Es que los miembros del Directorio Estudiantil Universitario vivían en el mítico país de la siguaraya?

Hay que hacer una evaluación histórica, como pide Justo Carrillo, del por qué el Directorio Estudiantil Universitario, que «fue la fuerza civil más representativa que respaldó el <Movimiento de los sargentos> sin reunirse previamente ni adoptar acuerdo,» no se enteró del homenaje a Machado, cuando sólo hacía una semana que había muerto Rafael Trejo. ¿Cuál es la responsabilidad histórica del Directorio Estudiantil Universitario y del ABC, organizaciones terroristas ambas, en la destrucción de Cuba como república? Consignemos que ni Rubén de León en *El origen del mal*, ni Inés Segura Bustamante en *Cuba siglo XX y la generación de 1930*, ni

Herminio Portell Vilá en su *Nueva historia de la República de Cuba*, hacen la más mínima referencia al homenaje que los sargentos brindaron a Machado en Columbia.

Justo Carrillo, Juan Antonio Rubio Padilla, y los intelectuales del ABC son ejemplos de la ruina moral que es la política cubana. Ellos apoyaron las acciones de los sargentos que produjeron el 4 de Septiembre; ellos estaban allí, entre los miembros del Directorio cuando se pactó la traición con los sargentos machadistas y el Partido Liberal años más tarde. Ahora tienen el desparpajo, sobre todo Carrillo y Rubio Padilla, de hacerse pasar por paladines de la justicia. ¡Qué desfachatez!

CAPÍTULO VII

La huelga del transporte de ómnibus de La Habana el 4 de agosto de 1933. La masacre del día 7. Negociaciones de los comunistas con Machado para el cese de la huelga. Resultados.

El 4 de agosto de 1933, con motivo de los fraudes y exacciones del alcalde de La Habana, «Pepito» Izquierdo, estalló una huelga de las empresas de ómnibus, que se extendió después a todas las empresas de transporte y que culminó en Huelga Revolucionaria. El 7 de agosto, una estación de radio anunció que Machado había renunciado. Cuando el pueblo se lanzó a la calle lleno de entusiasmo para festejar la caída de la dictadura, la policía ametralló a los manifestantes, matando e hiriendo a mujeres y niños. Este hecho es conocido en la historia con el nombre de «La masacre del día 7.» Duarte Oropesa dice que nunca se ha aclarado si el falso anuncio de la caída de Machado fue gubernamental u oposicionista. Calixto C. Masó sostiene que este hecho se le atribuye al ABC Radical. Y Adam Silva afirma que el ABC Radical fue el promotor de este hecho sangriento.

La huelga general se había convertido en arma del pueblo para derribar a Machado. Es entonces cuando el Partido Comunista y el Ala Izquierda Estudiantil pactaron con Machado para romper la huelga y conseguir, a cambio, el reconocimiento del Partido y otros beneficios. Gonzalo de Quesada ha escrito: «La misma huelga amenazaba con derrumbarse con motivo de entrar, al fin, la Confederación Nacional Obrera de Cuba en negociaciones con Machado, y prometerles éste acceder a muchas de sus peticiones, incluyendo el reconocimiento del Partido Comunista de Cuba, siempre que dieran inmediato término al paro. Y la Confederación Nacional Obrera de Cuba (CNOC) ordenó, en efecto, la suspensión de la huelga, principalmente en la rama del transporte que controlaba. Pero su arreglo con Machado no surtió ningún efecto práctico ante la firme negativa de los obreros de reincorporarse al trabajo, y continuar el movimiento la Federación Obrera de La Habana.» (Quesada, Tomo II, 244).

CAPÍTULO VIII

El 11 de agosto de 1933 y la rebelión de los coroneles Julio Sanguily, Erasmo Delgado y del capitán Mario Torres Menier. Derrocamiento de Machado. El precario gobierno de Céspedes. El caos y los saqueos en la República.

El 11 de agosto de 1933, algunos oficiales del ejército, encabezados por los coroneles Julio Sanguily y Erasmo Delgado y por el capitán Mario Torres Menier, se apoderaron de los cuarteles de La Habana y de la Aviación Militar y, sin consultar con Welles, exigieron la renuncia de Machado, poniendo fin a la Mesa Redonda, pero no a la Mediación norteamericana, al no asumir los rebeldes la dirección política del país y permitir que se designara a Carlos Manuel de Céspedes presidente. El gabinete de Céspedes quedó integrado por nacionalistas, abecedarios, marianistas, menocalistas y algunas figuras de prestigio. «Todos ellos, absolutamente todos,» según Carrillo, «títeres del embajador norteamericano Benjamín Sumner Welles.»

Al enumerar Carrillo los miembros del gabinete de Céspedes, hace distinciones entre los políticos tradicionales, personajes sin experiencia en el desempeño de funciones públicas, hombres prestigiosos y algún titulado «santón» desempolvado de sus pecados republicanos. ¿No resulta incoherente que Carrillo califique a Eduardo J. Chibás y a José Antonio Presno de «hombres prestigiosos», cuando previamente ha declarado que todos los integrantes del gobierno producto de la Mediación eran «títeres todos ellos» del embajador norteamericano Benjamín Sumner Welles?

En la página 276, ratifica Carrillo una vez más, que el Gabinete de Céspedes «estaba al servicio» del gobierno norteamericano. El gobierno de Céspedes estaba tan sometido a Welles que no se tomaba decisión por sencilla que fuera sin consultarlo, según informa el embajador norteamericano: «Se me pide consejo diariamente sobre todas las decisiones que afectan al Gobierno. Estas decisiones abarcan desde los problemas de política doméstica y los relativos a la disciplina del Ejército, hasta el nombramiento de personas en todas las ramas del Gobierno. Esto es malo para Cuba y malo para los Estados Unidos» (Informe de Welles al Departamento de Estado).

El gobierno de Céspedes no pudo controlar el orden público tan pronto como el pueblo supo que Machado y sus más fieles colaboradores habían abandonado el país. Se dijo que muchos machadistas lograron evadirse porque entregaron gruesas sumas de dinero a altos oficiales del Ejército y a destacadas figuras revolucionarias. Jiménez, el jefe de la «Porra,» Ainciart, el Jefe de la Policía, Tito Sampol, Peñate y otros acusados de asesinatos, «no pudieron escapar a las iras populares que se manifestaron de manera tan violenta, que hubo espectáculos de cadáveres arrastrados por las calles y destrozados a impulsos del rencor tantos años contenido. Las casas de los machadistas fueron saqueadas y en muchos casos destruidas». («Historia de la revolución,» *Bohemia*, 26 de agosto de 1934, 93 y sgts.).

CAPÍTULO IX

Los saqueos y crímenes que siguieron la caída de Machado. El testimonio de Ruby Hart Phillips.

Como ha demostrado Ricardo Adam Silva, Machado salió el 12 de agosto de 1933 rumbo a Nassau, presionado por la alta oficialidad del Ejército. Su sucesor, Carlos Manuel de Céspedes, el candidato del mediador norteamericano Sumner Welles, permaneció en el poder hasta el golpe de los sargentos, el 4 de septiembre de 1933. La designación de Céspedes provocó los horrores de la anarquía, y el ABC y los estudiantes se apoderaron de las calles de las ciudades.

«Carlos Manuel de Céspedes,» escribe Machado, «aceptó la responsabilidad de tomar posesión de la Presidencia de la República mientras la multitud, guiada por los jefes abecedarios, se entregaba al saqueo y al incendio de las casas de mis amigos y colaboradores, y los estudiantes, provistos de ametralladoras y ayudados por los soldados, ya sin contén ni disciplina, cazaban a mis amigos, asesinaban a golpes a los policías, todo en nombre de la sagrada revolución.»

Carlos G. Peraza, al relatar los crímenes y horrores de Machado, narra sin quererlo algunos de los crímenes que cometió la revolución triunfante. Después de haber dado muerte al jefe de la «Porra,» José Antonio Jiménez, y a su secretario, «la multitud, apoderándose de los cadáveres, los colocó en la parte trasera de un auto cuña y en esa forma los cuerpos fueron exhibidos por distintos lugares de la ciudad.» Carlos de Lorenzo y Rivera, al que acusaban de confidente y «porrista,» fue «despedazado y su cadáver quemado. La bodega propiedad de Lorenzo fue destruida por el pueblo. Los víveres y demás objetos fueron lanzados a la calle. La bodega fue finalmente incendiada por la multitud.»

Las casas de los principales colaboradores de Machado fueron saqueadas y algunas totalmente incendiadas. «En todos estos lugares,» refiere Peraza, «el pueblo destrozó los muebles, retratos del general Machado, puertas, etc. Las sillas, sillones y mesas de todas estas casas fueron sacadas y arrojadas a la calle. EL *Heraldo de Cuba*, el indigno vocero del Machadato, corrompido y deleznable, puede decirse que desapareció. Dentro del edificio no queda nada. Hasta la rotativa, tan grande, fue despedazada por el pueblo. Una bonita colección de pájaros que había en el edificio del periódico fue libertada por la muchedumbre, que después se llevó las jaulas como recuerdo.» Al frente de la multitud marchaban el ABC y los estudiantes. «La plebe,» escribe Aldo Baroni, «se ha mantenido tranquila y cuando ha quemado y saqueado ha sido porque algún miembro de la clase estudiantil o de la aristocracia la ha invitado a quemar y a expropiar.»

Ruby Hart Phillips se horroriza y considera execrable el saqueo y el pillaje de la biblioteca de Wilfredo Fernández, de las casas de las queridas de Machado y del reparto de efectos personales, cartas y joyas entre la chusma y el populacho: «¡Hasta una casa de animales propiedad de Villapol, Pagador del Palacio Presidencial, fue saqueada y sometida al pillaje por elementos abecedarios! Muchos de los animales fueron muertos, canarios, perros, gatos y pájaros tropicales.» «En Nueva York,» cuenta Aldo Baroni, «hace no muchos años, fui espectador de una escena regocijada en la cual una dama de la alta sociedad ex-machadista le reclamaba a una amiga revolucionaria el cofre de sus cubiertos de plata que dicha <amiga> le había expropiado el día fausto del 13 de agosto.» Ruby Hart Phillips hace este comentario, sarcástico, irónico y burlón: «Los bodegueros españoles están celebrando, no la caída de Machado, sino que están descansando de aquellos abecedarios que estaban acostumbrados de obtener donaciones de los comerciantes españoles bajo consigna.»

CAPÍTULO X

El derrocamiento de Céspedes por los sargentos el 4 de septiembre de 1933. Testimonios de Rubio Padilla y José Miguel Irisarri. Los revolucionarios al poder.

El 4 de septiembre de 1933, el Directorio Estudiantil Universitario claudicó de sus ideales revolucionarios, cuando decidió respaldar el golpe de los sargentos que derrocó al gobierno de Céspedes. El respaldo del Directorio a los sargentos golpistas es un acto de traición al Programa, a los miembros de la organización que cayeron en la lucha y al pueblo cubano que decía representar. Esa noche, el Directorio se quitó la careta y sin ningún pudor, se une a los sargentos, encabezados por Batista, que habían homenajeado a Machado el 10 de octubre de 1930. Ni escrúpulos ni remordimientos de conciencia tuvieron en asociarse con los sargentos que habían brindado por la salud de Machado y «de su generosa y querida familia» y que, además, prometieron «defenderle porque con ello defenderemos la Patria libre.» Esa noche, las estrellas, únicos testigos del pacto de colaboración entre los estudiantes revolucionarios y los sargentos machadistas, temblaron de terror.

En el Portal del Club de Alistados, según expone Juan Antonio Rubio Padilla en la página 198, se discutió con algunos de los sargentos que dirigían el movimiento: «–entre ellos recuerdo perfectamente a Pablo Rodríguez,– sobre cómo transformar todo aquello, que hasta ese momento no tenía más que un carácter estrictamente clasista.» Por José Irisarri nos enteramos que los muchachos del Directorio salieron con Batista, que era el jefe del movimiento, y que serían las tres y media cuando Rubio Padilla entró, llamó a Irisarri a un rincón y le informó que el Ejército y la Marina aceptan el Programa del Directorio y apoyan al gobierno que designen los estudiantes.

No sería el primer matrimonio entre los machadistas y los «revolucionarios» del Directorio; diecinueve años más tarde ¡qué horror! ocupando Juan Antonio Rubio Padilla y Justo Carrillo posiciones de alto nivel en el gobierno de Prío, los jóvenes revolucionarios, ahora gobernantes «Auténticos,» se reconciliaban una vez más con los machadistas del Partido Liberal para concurrir del brazo a las elecciones que no llegaron a celebrarse. ¡Extraño maridaje entre los porristas y los pandilleros! Las dos veces, el pacto fue roto por los sargentos y no por los miembros del Directorio, que los echaron del poder el 14 de enero de 1934; y por los liberales y no por los «Auténticos,» que el 10 de marzo de 1952 se entregaron incondicionalmente al general Batista. El puesto que dejaron vacante, en las dos oportunidades los miembros del Directorio, fue cubierto por los intelectuales terroristas del ABC.

El concubinato entre los abecedarios y los sargentos golpistas del 4 de septiembre de 1933 y del 10 de marzo de 1952, es una consecuencia directa de la falta de principios éticos de muchos políticos e intelectuales cubanos. El resultado de ese amancebamiento impúdico fue el palmacristi, el plan de machete, las torturas, los asesinatos, el enriquecimiento ilícito con los desfalcos al erario público, con el contrabando y el juego prohibido, la brava electoral, la entrega de la dignidad nacional a los embajadores norteamericanos, la deshonestidad administrativa, todo lo cual trajo como consecuencia que el comunismo llegara al poder. Las dos alianzas entre los miembros del Directorio y los machadistas se hicieron con el silencio cómplice y culpable de Juan Antonio Rubio Padilla y Justo Carrillo. ¿Acaso Trejo, Alpízar, Pío Álvarez y Fuertes Blandino, víctimas de la represión machadista, murieron para que sus compañeros pactaran y colaboraran con los sargentos que habían sostenido a Machado?

Si los estudiantes universitarios del Directorio, si los intelectuales abecedarios y los políticos tradicionales hubieran tenido patriotismo, virtud y preparación política no le hubieran permitido al presidente Franklin D. Roosevelt que le diera «estabilidad a la sedición clasista cuando optó por apoyar a Batista el 8 de septiembre. Más adelante le invitó y alojó en la Blair House como huésped distinguido. E hizo desfilar a los cadetes de la famosa Academia de West Point el Día del Armisticio (11 de noviembre de 1938) ante el sargento que separó a la oficialidad de carrera de su país por medio de una sedición clasista. Esta decisión de Roosevelt fue su primer disparate en materia internacional. Cuba es hoy enemigo peligrosísimo de su país, por ser una avanzada de la Unión Soviética a noventa millas de su bajo vientre, porque el Ejército existente en Cuba no pudo vencer en dos años a una revuelta y acabó por rendirse incondicionalmente. Ese fue el resultado del motín clasista del 4 de septiembre de 1933» (Ricardo Adam Silva).

Y para que nada falte a esta tragicomedia tropical, detrás del escenario, escarneciendo y envileciendo la vida política cubana, dirigiendo a sus marionetas, manipulando a sus títeres, Welles y luego Jefferson Caffery, dos diplomáticos cínicos y sexualmente desviados, convertidos en superárbitros de los asuntos cubanos por la voluntad imperial de Roosevelt, decretaban bendiciones y excomuniones de acuerdo con su capricho personal. La actuación de los enviados presidenciales norteamericanos en la vida política del país le dieron un toque de erotismo y voluptuosidad al ambiente de violencia que se vivía: «¡Triste tierra, como tierra tiranizada y de señorío!»

Aparecen en la foto de pie, de izquierda a derecha, Roberto Oquendo, José Soto Cervantes, Miguel López Ríos, Arcadio Alzola, Francisco Soto, Homero Hernández y Agustín Rodríguez. Frente al grupo de combatientes, Fabio B. Hernández, correo. (Archivo de Mario Hernández).

CAPÍTULO XI

La disolución del DEU el 4 de noviembre de 1933. El regreso a la aulas. El bonchismo estudiantil. Los estudiantes repudian el gobierno de Grau San Martín. Consecuencias.

El 4 de noviembre de 1933, oficialmente, el Directorio Estudiantil Universitario se disolvió para reintegrarse a la Universidad, pero su influencia continuó siendo decisiva en el gobierno de Grau hasta su renuncia, el 14 de enero de 1934. Ricardo Adam Silva expone que el 5 de noviembre de 1933, se había convocado una asamblea general de estudiantes que amenazaba con un voto de censura al Directorio, razón por la cual decidieron disolverse el día anterior. Y Hugh Thomas, que ha escrito un pesado libro con tantos errores como páginas tiene, en el tomo 2, página 867, escribe con evidente inexactitud que el «4 de noviembre, los estudiantes de la Universidad de La Habana celebraron un referéndum entre ellos sobre las actividades de sus jefes, el Directorio, y finalmente votaron contra ellos. El Directorio se disolvió. Algunos miembros anunciaron que seguirían en Palacio, a título individual, para <aconsejar a Grau>.» No hubo tal referéndum. Carrillo relata cómo se disolvió el Directorio en las páginas 314, 315 y 316.

Como advierte Niurka Pérez Rojas en *El movimiento estudiantil universitario de 1934 a 1940*, es evidente que: «En sus últimos tiempos, el gobierno provisional perdió el apoyo de la mayoría estudiantil, ya resquebrajado por diferencias de criterio dentro del Directorio»(19). Las causas de las grietas que surgieron dentro del Directorio, las explica Rubén de León con lujo de detalles, en la página 305, cuando lamenta: «la desafección hacia el gobierno revolucionario que, en actos de calle, empezaron a manifestar los líderes estudiantiles Eduardo R. Chibás, Justo Carrillo Hernández, Rafael García Bárcena y Augusto Valdés Miranda. El celo del primero de éstos a sus compañeros del Directorio, que tanto se estaban destacando dentro del gobierno de la Revolución, los condujo a celebrar asambleas estudiantiles en el anfiteatro de la Universidad con el propósito de que los estudiantes negaran su apoyo al gobierno, y en actos de calle, en los que lanzaron el célebre slogan de «King Kong, que se vaya Ramón.» En su libro, Carrillo silencia estos hechos que pertenecen a la historia del Directorio y que el pueblo de Cuba conoce muy bien, ¿por qué?

Los estudiantes universitarios que tanto se «distinguieron» en el gobierno revolucionario, tuvieron una actuación «mediocre» a su regreso a «las aulas.» La Universidad se había convertido en un campo de batalla entre las tendencias políticas partidistas. La lucha por controlar el organismo estudiantil ocupó las energías de los estudiantes revolucionarios, olvidándose la reforma universitaria. Había más asambleas estudiantiles que clases. Los profesores vivían aterrorizados. Por obra y gracia de los revolucionarios, y para sorpresa y asombro de la mayoría estudiantil, en 1936 regresaban, en su gran mayoría, los profesores expulsados en 1934. Auténticos, abecedarios y comunistas introdujeron la política y la violencia en la Universidad.

Guillermo Portela declaraba en junio de 1934 que es propósito de la Comisión Mixta Pro-Reforma Universitaria «desterrar definitivamente la política de la Universidad;» en noviembre, reitera que los estudiantes sólo aspiran «a aumentar su autoridad en el manejo de la dirección de la Universidad, a expensas del profesorado.» Solicita de los estudiantes que «abandonen esas luchas estériles entre ellos,» y agrega, «es preciso, sobre todo, que se preocupen menos por los problemas nacionales.» En igual sentido, el entonces dirigente estudiantil Eduardo R. Chibás, exhortaba a sus compañeros a luchar por «restablecer la seriedad en las actividades académicas y elevar el nivel moral de la Universidad.»

En la página 425 de *Cuba 1933*, Carrillo alardea de que ningún miembro del Directorio «fue mal estudiante y varios obtuvieron las <eminencias> de sus promociones al continuar y terminar sus estudios.» ¡En semejante clima moral y académico cualquier cosa era posible! «Casi solo me quedé,» exclama Roa, «en 1934, al oponerme a la piratería de notas.» Al escribir la historia de este período, hay que examinar «la farsa de algunos exámenes,» «la ineptitud de ciertos profesores,» y sobre todo, «la tenebrosa escuela política del atentado personal introducida por las organizaciones terroristas.» Las luchas estudiantiles por el control de la dirigencia universitaria aumentaron, mientras que el nivel académico y moral descendió. En 1934, nació en el Instituto de Segunda Enseñanza de La Habana «el bonche» estudiantil con fines eminentemente políticos. Cuando hizo su aparición en la Universidad de La Habana en 1937, «el bonchismo asumió una expresión de matonismo y desvergüenza al servicio de sus usufructuarios.» Dirigente universitario y gángster vinieron a ser sinónimos. Los miembros de la generación del 30, integrada en su mayoría por sargentos del ejército, estudiantes universitarios demócratas e izquierdistas e intelectuales abecedarios, son un ejemplo viviente de cómo la violencia puede dirigir el destino de un país.

«Maravilla, aunque parezca cosa de sainete,» mantiene con toda seriedad Ricardo Adam Silva, «que un grupito de jóvenes inexpertos decidieran los destinos del país. El Directorio nunca tuvo más de cuarenta miembros, aunque se llame Directorio Estudiantil y porque se creyó infalible, quisiera manipular la nación. Esta anomalía da la medida del grado de desconcierto y subversión de valores existente a la sazón.» Esa falta de experiencia en los jóvenes del Directorio también la ha señalado Fermín Peinado Espino, en una conferencia titulada «Ideología de la revolución de 1933,» en la cual considera con benevolencia el 4 de Septiembre de 1933, al juzgarlo como un «error de cálculo político.»

Para Peinado, «el Directorio Estudiantil y los civiles que lo acompañaron cometieron un gran error político al dar su manto civil y transformar en acontecimiento político lo que era un movimiento clasista de alistados, cabos y sargentos dentro del Ejército....El error, a mi juicio, de juventud, falta de experiencia e impaciencia revolucionaria, consistió en que no reflexionaron que el Directorio del 30 era un pequeño grupo. No era una organización nacional numerosa y mucho menos mayoritaria. Aún como representación estudiantil se puede uno preguntar hasta qué punto el Directorio del 30 representaba a los estudiantes de 1933.»

El hecho histórico, continúa Peinado Espino, «es que poco después se disuelve el Directorio y la masa estudiantil es opositora. De haber tenido una potente organización civil nacional se puede especular que podrían haber balanceado la fuerza de las armas de Batista. Pero no teniéndola, era inevitable que los rifles triunfaran y se sentara el precedente para el 10 de Marzo funesto. Se introdujo un nuevo mal que antes no existía: la insubordinación militar como base del poder y la acción política. La aceptación del Programa del Directorio pareció algo positivo a los que lo componían, pero en realidad una vez establecido el precedente de que el poder político está en las bayonetas, uno no sabe a servicio de qué programa se va a poner el día de mañana.»

¿Cuál era la ideología de los miembros del Directorio Estudiantil Universitario? Es difícil saberlo. Sus principales proclamas, manifiesto y programas fueron redactados por Raúl Roa, Sergio Carbó y José Miguel Irisarri. Inés Segura Bustamante presume, injustificadamente, que en la Constitución del 40 se fundieron las ideas de aquel grupo de jóvenes del Directorio Estudiantil. ¿Cuántos miembros del Directorio Estudiantil participaron el Convención Constituyente de 1940? Solamente dos: Carlos Prío Socarrás y Eduardo Chibás. ¿Cuál fue la influencia de Prío y Chibás en la Convención Constituyente?

Los sargentos del Ejército con la colaboración del Directorio Estudiantil Universitario y los estudiantes de Pro Ley y Justicia primero y, los intelectuales del ABC después, integrantes de la generación del 30, pasarán a la historia por haber introducido en la vida pública cubana el militarismo, el terrorismo, los atentados personales, el gangsterismo, la politiquería, las malversaciones al erario público, el aumento desenfrenado de «las botellas,» la gritería histérica, los abusos de autoridad, la burla al pueblo, y sobre todo, en ellos cae la tremenda responsabilidad de haber destruido el Ejército Nacional de Cuba, convirtiendo a la soldadesca en muchedumbre armada con mando, pero sin disciplina militar ni conocimientos técnicos. Ellos por su incapacidad política son los culpables de que el comunismo se adueñara del poder en Cuba.

CAPÍTULO XII

Cuadro general moral y político de la generación del 30. La atomización de partidos y organizaciones revolucionarias después de 1933. Responsabilidad del DEU en la exaltación del 4 de Septiembre y posterior traición a los ideales revolucionarios. Conclusiones.

El cuadro que ofrecen a sus compatriotas la mayoría de los componentes de la generación del 30 no puede ser más deprimente. La pobreza intelectual e ideológica del Directorio fue objeto de burlas sangrientas por parte de Roa cuando afirmaba que «el demagógico programa que el Directorio Estudiantil Universitario presentaba como propio –el 4 de septiembre de 1933– es muy probable que no hubiese sido concebido ni redactado por sus componentes.» La historia de Cuba, desde 1930 hasta el presente, demuestra que ninguno de los miembros del Directorio se destacó como intelectual ni como estadista y mucho menos como ejemplo de virtudes ciudadanas. Vista en conjunto, la generación del 30 es una gran coña y el 4 de Septiembre, un cachondeo sangriento.

El ABC se dividió en ABC Radical y en Organización Celular Radical Revolucionaria (OCRR), que a su vez se fraccionó en Unión Celular Radical Revolucionaria (UCRR); los estudiantes universitarios estaban divididos en Directorio Estudiantil Universitario, Ala Izquierda Estudiantil, Pro Ley y Justicia y Ejército Caribe. Esta última estaba compuesta, según Thomas, de semibandidos que eran estudiantes. El golpe del 10 de marzo de 1952 fue posible por la perversión e inmoralidad política de la generación del 30, ávidos de poder y dinero, pero ayunos de patriotismo. La más repulsiva ambición personal y el más despreciable egoísmo salieron a flote.

El Partido Revolucionario Cubano (Auténtico) se fraccionó en Partido del Pueblo Cubano (Ortodoxo), Partido de la Cubanidad y Partido Nacional Cubano. Muerto Chibás, el Partido Ortodoxo se fragmentó en Partido del Pueblo Libre y Movimiento de la Nación. La división política, producto de las ambiciones personales, se agravó, pues existían los siguientes partidos: Liberal, Republicano, Acción Unitaria Progresista, Unión Cubana, Demócrata y Demócrata Independiente, Conservador y Comunista, entre otros.

Mientras que Justo Carrillo fundaba Acción Libertadora, que se convirtió en Agrupación Montecristi, Rafael García Bárcena fundaba el Movimiento Nacional Cubano, y Aureliano Sánchez Arango, la Triple A. Las tres últimas organizaciones y la mayoría de los partidos políticos, que contaban con muy escasos miembros y no tuvieron ninguna influencia en el pueblo, fueron creados con el único propósito de buscar posiciones por medio de raras y comprometidas combinaciones políticas y militares.

¿Hasta qué punto fueron leales a los ideales y principios de sus programas y manifiestos los miembros del Directorio Estudiantil Universitario? ¿Fueron amigos sinceros y francos de sus compañeros de generación? En la historia de la política cubana no se conocen cambia-chaquetas tan faltos de pudor y descarados como los miembros del ABC y del Directorio Estudiantil Universitario. Las peleas, insultos y reconciliaciones públicas y privadas de los hombres de la generación del 30 se encuentran diseminados en los periódicos y revistas de la época. Carrillo califica a Roa de resentido y cobarde; a su vez, Roa dice que «apenas Carrillo olfateó que sus intereses de clase estaban destinados a ser barridos, puso pies en polvorosa;» a Rubio Padilla lo llama «culebrón conservado en incienso,» y de Aureliano Sánchez Arango dice que es el «mayor farsante de la generación del 30.» Y esto lo dice Raúl Roa, que fue fundador y miembro del Directorio Estudiantil Universitario y del Ala Izquierda Estudiantil, que fue funcionario del gobierno Auténtico, y anti-comunista furioso cuando los tanques rusos «reprimieron la patriótica sublevación del pueblo húngaro.» Roa, que calificó a los intelectuales comunistas de «focas amaestradas y lacayos parlantes de Moscú,» terminó convertido en una foca amaestrada y en un lacayo parlante de Moscú.

Todos los males de Cuba arrancan de 1933. Año trágico y desafortunado; de miserias económicas, harina de maíz, pru y guarapo; de atentados personales y actos terroristas; de deslealtades y entreguismo; de desbarajuste político y desmoronamiento social. A la mayoría de los políticos cubanos les faltó grandeza, desprendimiento, espíritu de sacrificio, patriotismo y ecuanimidad en la desgracia. Se puso en práctica la política de burundanga, y los estudiantes revolucionarios, los abecedarios intelectuales y los políticos tradicionales actuaron movidos por la más repulsiva ambición personal y el más despreciable egoísmo.

A partir de 1933, Cuba se va hundiendo en el caos por obra del pandillaje oficial y oficioso, y por la corrupción de los estudiantes, sargentos y políticos que participaron en el gobierno del 4 de Septiembre de 1933. La generación del 30 no le dio cohesión ni unidad a la República. Cuba se dividió en facciones semisalvajes que campeaban por su respeto en las calles de las principales ciudades, y arrastraron la democracia a su destrucción. A los veinte años de haber llegado al poder la generación del 30, una nueva generación se alzó en armas poniendo en práctica idénticos métodos de lucha: Atentados personales y actos terroristas, para terminar con los responsables de una democracia que se había burlado de las ansias y aspiraciones políticas, económicas y sociales del pueblo cubano. La generación del 30 es un cadáver que huele a malversaciones públicas, a guerra de pandillas, a burla al sufragio, a amnistías para delitos electorales y militares, a contrabando comercial y humano, a corrupción administrativa. El Directorio Estudiantil Universitario, el ABC, los sargentos y los politiqueros fueron barridos de la escena política cubana por un vendaval marxista, el 1o. de enero de 1959. ¡Triste destino de la generación del 30 que cavó su propia fosa y la del pueblo cubano!

En la víspera de la caída del régimen de Machado, en la foto aparecen de pie de izquierda a derecha, Arcadio Alzola, Francisco Soto y Miguel López; sentados, Roberto Oquedo y José Soto Cervantes. El joven Fabio Hernández, hijo del coronel Blas Hernández, aparece en el marco de una puerta de la vivienda campesina. (Archivo de Mario Hernández).

APÉNDICE I

La figura de Blas Hernández en la crónica y el recuento popular. «Don Eufemio» de Joaquín E. Piedra. «Blas Hernández y la hidalguía cubana» por Fernando Arsenio Roa.

El siguiente recuento, de honda raíz popular, fue publicado en el diario *La Voz Libre* en la columna de «Antología Poética» por Joaquín E. Piedra:

Andaba la chiquillería por los estanquillos debajo de Los Elevados. Los estanquilleros se motraban rehúsos y un tanto huidizos, precavidos de la algarabía que a veces armábamos los chicos. Yo tenía mi rincón preferido. Niño y yo solíamos irnos a las últimas garitas del declive, donde tenía su puesto de ventas el bueno de don Eufemio.

Don Eufemio conocía todos los pueblos en veinte leguas a la redonda. Había nacido en el sitierío de Marroquín, de padres canarios, y al igual que su padre se dejaba crecer el mostacho como pencas de guano. Fumaba unos puros inmensos, que él llamaba «vegueros,» los cuales echaban humo como chimeneas. El sombrero grande, de empleitas, lo hacía lucir más pequeño de lo que en realidad era. Dulce como níspero goteado de su gajo, cuando nos acercábamos, ya nos acogía su sonrisa flexible y cariñosa.

Hoy anda la tropilla suelta, decía, por acá no se arrima ninguno, pero ustedes no fallan. Aquí están estos platanitos ya «repintaos.» Arriba, que están «tiguiritos.» Son dulces, comentábamos nosotros, y él seguía. Esos son de la zona de Cañada Honda, que hay que ver cómo echa azúcar la tierra por allá. Entonces hablaba de las fincas de la comarca como si las poseyera todas. Qué terrenos, si ustedes vieran los platanales que crecen allí. Y nos hablaba de Morón, y nos relataba entusiasmado de cuando él estuvo alzado con Juan Blas Hernández. Aquel combate donde ellos habían hecho replegarse a las fuerzas de Arsenio Ortiz, «El Chacal de Oriente.» Aquello fue Troya, decía, el general Blas era un hombre de pelo en pecho.

Ahora pretendía que limpiaba los mostradores con una esponja húmeda. Volvía a levantar la mirada y nos hablaba de las llanuras de Lázaro López, como si estuviese galopando por el extenso llano. Y nos hablaba de Jicotea, y el Gurugú, y Pitajones, y el Central Pina con sus chimeneas que él describía como quien busca el cielo con los brazos en alto.

Júcaro está al otro lado, pero cuando me doy vueltas buscando pitajones y canisteles, que los hay muy buenos por allí, me doy gusto contemplando el brillar de los cañaverales, que nunca se ve una cosa más bella. Luego se tornaba y se refería a Ciego de Ávila como si nosotros no la hubiéramos visto nunca. Ya yo me siento tan avileño que en ocasiones siento que monté «El caballo de Ciego de Ávila.» Y continuaba, vine aquí con las primeras arrias que entraron al pueblo, y desde entonces ando por estos lares. Yo soy como la turbina, decía, me aparecí de pronto. Y hablaba hasta cansarse de Los Fortines, y el Reparto Maidique, y Vista Hermosa. Aquélla fue la época en que bajaban las arrias acarreando los frutos todos los días. Era un prodigio nuestro pueblo.

A continuación, «Blas Hernández y la hidalguía cubana,» publicado por Fernando Arsenio Roa en el *Diario de la Américas*, complemento a la rememoración avileña. Roa narra como testigo presencial eventos sucedidos durante la estancia de Hernández en La Habana tras el derrocamiento del general Machado:

Era una fresca mañana del delicioso otoño cubano. Lugar: Café-Restaurante Las Columnas, después llamado Miami, en El Prado y la confluencia de las calles San Rafael y Neptuno.

Flaca es la carne gorda. Los que tienen tendencia a engordar son víctimas propicias de los deleites del paladar y allí fui, no obstante lo inapropiado de la hora, para degustar uno de los deliciosos batidos de frutas, o de chocolate, o de leche malteada que alguien había inventado y que el cubano mejoró hasta hacerlos néctar de los dioses. Al poco rato vino a mi lado, con idéntico sibarítico propósito, un joven alto, más bien delgado, que vestía el uniforme del ejército cubano.

Sólo unos cuantos días antes, una revolución había derrocado a un Presidente de la República: el General Machado. La proliferación de siglas indicando grupos revolucionarios y de nombres hasta entonces desconocidos, me hicieron comprender de inmediato una frase que oí, muchos años después, aquí en el doloroso y absurdo destierro: «La victoria tiene muchos padres y la derrota es huérfana.» El mismo pensamiento de Máximo Gómez cuando exclamó, al ver la inmensa muchedumbre que lo seguía: «Si todos me hubieran acompañado en la guerra, a sombrerazos la hubiéramos ganado en muy poco tiempo.»

Entre las pocas siglas que ya eran conocidas cuando el triunfo vino sobresalía el ABC, y entre los grupos revolucionarios que surgieron, o que aparecieron, se destacaba el de Blas Hernández, que efectivamente tuvo en jaque al ejército en tiempos de Machado. Y aquel día Blas, hombre ya maduro, de fuerte contextura, quiso probar una de esas exquisiteces de las que se había visto privado por años y que también lo hicieran aquellos mocetones que lo acompañaban, todos de flamante uniforme guerrero y portando sus armas.

El soldadito y yo quedamos sepultados en la tumultuosa algazara de aquella alegre compañía. Confieso que yo, que nunca pertenecí a la eximia y honrosa pléyade de los héroes, no me sentía muy cómodo en aquel ambiente; pero no era cosa de huir, abandonando el apenas saboreado batido. Entre el soldadito y yo se colocó Blas.

De pronto, uno de aquellos jóvenes soldados de la revolución clavó su mirada en el soldado y a gritos y con lágrimas en los ojos le espetó: «Canalla...tú eres el que en la acción tal –no recuerdo el nombre– asesinó a mi hermano.» Trató de echarse sobre él, con no disimulado propósito, pero el brazo del respetado y admirado jefe lo abarcó como una tenaza de hierro. El forcejeo era inútil. El soldadito, al parecer impávido, no pronunció palabra y ni siquiera hizo ademán de defenderse o de huir.

Blas Hernández, con esa sicología que da la vida, dejó que el muchacho se desahogara durante un rato, sin aflojar el brazo hercúleo. Entonces empezó a hablar: «Mira, joven, un noble sentimiento fraternal ha provocado tu justa ira; pero puedes estar equivocado: no es fácil precisar detalles fisonómicos a una distancia un tanto lejana y tras unas piedras protectoras.» «No, Coronel Blas –no estoy seguro del trato,– no tengo dudas. Cuando mi hermano cayó, grabé en mi cerebro la imagen del asesino y ¡es ése! ¡es ése!» El soldadito no se movía.

Y ahora la hermosa lección de un hombre que fue un guajirito de una finca de Jagüey Grande, Matanzas. De joven, de una vida un tanto borrascosa, según un abogado de la región, que falleció aquí no hace mucho a los 91 años de edad. Después se supo de él, ya en la madurez, como jefe de un grupo que por tierras de Morón, Camagüey, o cercanas, hostigaba a las tropas gubernamentales. Blas entonces le dijo: «Bueno, te voy a creer. Es doloroso, pero los hombres como tú y como yo, que tenemos un destino marcado, no podemos permitir que la pasión nos domine. No le llames asesino, sino adversario, contrincante o, hasta si quieres, enemigo...pero asesino, no. Nosotros, tú y yo, le tirábamos y él, en cumplimiento de la misión que le fuera oficialmente encomendada, nos disparaba a nosotros. El se jugaba la vida en cumplimiento de un equivocado deber; nosotros lo hacíamos por lo que creíamos era nuestro sagrado deber. El tuvo más suerte que muchos de sus compañeros y de los nuestros. No es, fíjate bien, muchacho, no es un asesino. Quiero que seas tú el que me diga que lo deje partir de aquí.»

Hubo unos minutos, o unos tensos segundos, cargados de emoción. Pasados éstos, aún llorando, pero ya sereno, el joven hizo con la cabeza una señal afirmativa, y casi en un suspiro, dijo: «Déjelo irse.» Se aflojaron las tenazas de sus brazos y poniendo una mano en el hombro del soldadito y con la otra, y una sonrisa ratificadora, Blas Hernández le indicó el camino. Nos echamos a un lado para darle paso. Su palidez era impresionante. Lo vi, ya por la Acera del Louvre caminando pausadamente. Pienso que pronto recobraría sus colores; los míos también tardaron algo en llegar.

Epílogo: En una de esa revueltas que suelen acompañar al triunfo de una revolución hasta que, por agotamiento, llega la estabilidad, Blas Hernández fue hecho prisionero. Lo llevaron con otros civiles y algunos militares al Castillo de Atarés. Estando agrupados los prisioneros, Mario Hernández, uno de los custodios, preguntó quién era Blas Hernández. Blas dio un paso al frente y el custodio se le acercó y, sin mediar palabras, y ante el imponente horror de los presentes, incluso de sus propios compañeros, le hizo un disparo mortal. Por esa «hazaña» se le ascendió a oficial de alta categoría y fue destinado a la Provincia de Pinar del Río. «El que a hierro mata, a hierro muere,» dice el varias veces secular apotegma. Pronto se cumplió en este caso: Mario Hernández murió, poco tiempo después, también de certero pistoletazo.

En esta foto tomada el 8 de noviembre de 1933 en la calle Zanja de La Habana, aparece el coronel Blas Hernández instando la adhesión del capitán de la policía E. Nespereira al movimiento en contra de la alianza gubernamental de Batista, los estudiantes y Grau San Martín. Los bolsillos abultados de las balas del jefe revolucionario presagian las duras batallas que tendrían lugar ese día en la ciudad capital. (Archivo de Mario Hernández).

APENDICE II

«La tragedia suprema.» Recuento de la trágica jornada de Atarés publicado en *Bohemia* en noviembre de 1933

La revista *Bohemia* del 12 de noviembre de 1933 recoge los eventos ocurridos en el Castillo de Atarés en un dramático y minucioso recuento. Titulado «La tragedia suprema,» el horror que traduce este recuento se sobrepone a la habilidad literaria con que se narran los hechos. La respuesta a la protesta armada de los militares, el ABC y los combatientes de Blas Hernández se fija en estos eventos como uno de los más bochornosos y espeluznantes episodios de la historia nacional, sólo comparable con los crímenes cometidos por el régimen castrista, que supera en número si no en crueldad la hecatombe ocurrida en el Castillo de Atarés. Se reproduce a continuación este testimonio de la vesania fratricida de los golpistas del 4 de Septiembre, triste lección desoída por revolucionarios posteriores y advertencia vigente para la nación futura.

Después del ataque aéreo a la ciudad, después del bombardeo de los buques de guerra sobre nuestros cuarteles, imposibilitados de contraatacar, nos replegamos. La madrugada era un solo silencio aborrecible. Hubiéramos preferido el estrépito de la lucha, el tumulto del combate, la desesperación de la pelea. Estábamos cansados, pero todos queríamos acabar. Abandonamos los cuarteles.

En el exterior, las barricadas obstruccionaban la calle. Los pequeños sacos de arena se vaciaban por sus huecos múltiples y aparecían como extraños cernideros. Saltamos por encima. Del campamento de los sitiadores, enfrente, llegaban apagados alertas. Un vaho lunar, opaco y triste, envolvía nuestra retirada. Hacía frío. Haces luminosos exploraban el cielo. Los reflectores antiaéreos de las fortalezas leales alargaban en el azul-negro de la noche sus tentáculos innúmeros. La ciudad dormía el horror de la noche pasada. Nos retirábamos en silencio.

A vanguardia, doscientos soldados de línea, pensativos, abrían la marcha. Al centro, los camiones, con las ametralladoras emplazadas y listas a hacer fuego. Y todo el bagaje. Bajo los fusiles, la tropa cubría la calle de un sordo rumor de pisadas apresuradas y duras. Y ni una voz. Marchábamos por compañías. La exaltación de la lucha había agotado las energías físicas. El espíritu resistía al cansancio del combate interminable. La calle se abría, estrecha y larga, oscura y prolongada como un destino inevitable. La ciudad quedó atrás, inmensa y despavorida.

La vieja fortaleza se alza en la noche. La mole enorme, sobre la eminencia oscura, se recuesta en el cielo sombrío por donde ruedan nubes grises, perforadas a ratos por el haz de los reflectores que hacen en ellas fugitivos intersticios luminosos. Es nuestro último reducto. Mil quinientos hombres penetran, bruscos, impávidos, llenos de la fatiga de la marcha. De pronto, voces. Cambian una guardia. Por los parapetos asoman centinelas inquietos, de siluetas móviles y lentas. Pasa la noche. Abajo, en la ciudad, parpadean luces. Enormes edificios se yerguen en el límite.

El recinto Civiles con el fusil terciado sobre las espaldas, pasan revista. Los oficiales examinan los armamentos. Y más que los armamentos, los rostros taciturnos. Se presiente una batalla dura, al amanecer, contra las fuerzas que llegan y nos cercan. Abajo, se organiza la distribución de víveres, de agua, de parque. El comandante, luego de unas palabras que tienen el tono frío de las frases postreras, distribuye las fuerzas. Cada uno ocupa su puesto. Lívido, se aclara el cielo por Oriente.

El recinto es estrecho para contener cerca de dos mil hombres. Nos movemos con dificultad. Al amanecer vemos la fuerza enemiga tomar posiciones, a distancia. Millares de siluetas se mueven bajo nosotros, emplazando ametralladoras, echándose detrás de las desigualdades del terreno, rodeando la posición. Erigen las baterías sus cañones 75 mm. Los artilleros, tras las piezas, ordenan las municiones. Nuestro comandante revisa por última vez, enérgico, apresurado, los puestos. El sol dispersa sus rayos encendidos sobre la ciudad, que ahora aparece blanca y lejana, contra el azul brillante del cielo. Ni una nube. Sobre las hondonadas del terreno aparecen pequeñas manchas amarillas: los soldados sitiadores. De repente, una mota blanca sale de una batería. Después otra. Inmediatamente, los estampidos llegan hasta nosotros. Dispara la artillería sus piezas de 75 mm. Ha comenzado el bombardeo. Son las ocho de la mañana.

Estamos dentro de un círculo de fuego del cual somos el centro. Las baterías lanzan sobre nosotros, incesantemente, su balas destructoras. La posición contesta el fuego. Una ametralladora antiaérea que poseemos funciona con rapidez. Delante de nosotros se levantan nubes de polvo, pequeñas, alargadas, grises. Son nuestros proyectiles. Por el Sureste avanza, lento, un crucero. Coopera al ataque y sus proyectiles llegan a nosotros con facilidad. Nuestra antiaérea gira y funciona en su dirección. El barco, al rato, retrocede. ¡Tocado! En bahía, las embarcaciones menores se alejan del radio de fuego de nuestros tiros. Los cañonazos primeros han destrozado casi nuestras primeras defensas. Resistimos el fuego, cambiando a cada momento de posición. Las balas de mayor calibre perforan los gruesos muros de la fortaleza. Caen muchos.

Los heridos y muertos son retirados hacia las bóvedas profundas. Los hombres que no poseen armas, tendidos junto a los combatientes, velan al compañero. De pronto, éste da un salto, exhala un grito. Y se baña en sangre. El compañero coge entonces su fusil, ocupa su puesto, y dispara...dispara ...dispara. Cae a su vez. Abajo, en las bóvedas, los heridos se amontonan. Muchas veces, un cañonazo derriba sobre ellos un lienzo de muro, piedras, pedazos de la vieja construcción que se arruina bajo el fuego de las baterías. Los soldados sanitarios corren, desde el patio de la fortaleza, hacia todos los puntos en que caen los hombres. Las órdenes son breves y rápidas.

Pegados al muro, nerviosos pero resueltos, hacemos fuego hacia todas partes. Ninguno cuida de los demás, sino de sí mismo, de hacer puntería en los soldados que se mueven allá abajo, en los servidores de las piezas enemigas que nos hacen tanto daño. El fuego de cañón que nos dirigen es certero y constante. Toda la fortaleza está llena de humo, de polvo de los sectores destruidos, de alaridos de rabia, de gritos de los moribundos. De sangre. Y cuando uno de los nuestros, para hacer mejor puntería, se asoma para tirar, cae de espaldas y se hace un bulto lleno de manchas rojas, en el suelo. Después viene el asalto.

Al amparo de los cañones, que disparan ferozmente, varias compañías de artillería avanzan corriendo sobre la loma hasta tocar los mismos muros de la fortaleza. Pero nuestros rifleros, trepando sobre la muralla, los fusilan a pocos metros. Caen los hombres desplomados sobre sí mismos. Los que quedan retroceden, retirándose colina abajo. Después de este primer intento, los asaltos se suceden con frecuencia.

Todos son rechazados. Los oficiales de secciones dan órdenes secas. Algunos no pueden terminar de dictarlas. Una bala les corta en dos la yugular y la palabra, y caen entre los suyos, con los brazos abiertos sobre el suelo. Es su cruz de guerra.

El sol ha ido ascendiendo verticalmente. Por encima de los muros pasan silbando los proyectiles de cañón que no dan en ellos, y caen lejos, en los suburbios de la ciudad, que evacúan precipitados los vecinos, con grandes bultos de ropa bajo el brazo. La tropa se empapa de sudor bajo el esfuerzo de la resistencia, que se hace heroica, y los rostros están llenos de pólvora. Algunos parecen máscaras vivas, así disfrazados en este carnaval de la Muerte. Otros, los que han entrado en el recinto de los eternos silencios, son también máscaras. Una mueca horible les desfigura el rostro, lleno aún de la rabia del combate. Otros no tienen rostro. Un casco de metralla, una bala de cañón, se los ha desaparecido. Los sanitarios, que buscan heridos por todas partes, los retiran, para que su vista no baje la moral de la tropa.

Es mediodía. El fuego de cañón disminuye. Algunas baterías disparan, ahora espaciadas, de rato en rato, más perezosamente. Pero todos sus disparos nos dañan igualmente. Saltan por el aire trozos de muralla, piedras oscuras del parapeto, brazos o rostros de los defensores. La gente pelea ahora con mayor entusiasmo. Dentro, sin embargo, hay desorden. La metralla incesante, que barre los muros y los salientes de la fortaleza, impide una perfecta cohesión de la defensa. Y todos pelean independientemente, tirando, tirando siempre, con el cuello tendido sobre el fusil, hacia la línea de fuego enemiga, obstinada, que obsede nuestras defensas como una pesadilla demoniaca.

Una granada de gran potencia estalla sobre el patio. Por el aire vuelan, despedazados, los soldados sanitarios y los médicos. Unos hombres que izaban la bandera de la Cruz Roja, para solicitar auxilios –los heridos son cientos,– caen hechos trizas. De los troncos abiertos salen caños de sangre y el patio es una enorme mancha roja, que hiere el sol de las dos de la tarde. La bandera ha quedado a medio izar. El viento la envuelve en ráfagas de humo y en olor a carne tostada. Los veinte hombres que han caído se apelotonan en el piso húmedo, en un amasijo de uniformes rotos, de brazos arrancados, de rostros desfigurados. El horror de la muerte está ahí en toda su grandeza trágica, bajo el sol implacable que dora la ciudad y fulge sus oros vespertinos sobre el Dolor y la desolación de la batalla. Los supervivientes han retirado los cuerpos mutilados hacia la bóveda donde se hacen las curaciones y donde, también, se amontonan otros cuerpos sin vida.

Son las tres de la tarde. El cansancio de las bombas dentro del reducto, hacen irrespirable la atmósfera. Y un jefe se yergue, lleno aún de energía combativa, para levantar el espíritu de la tropa. Propone resistir hasta la noche. Y, al amparo de la sombra, hacer una salida desesperada, caer sobre el enemigo, y desalojarlo a punta de bayoneta. Todos callan. Pero en los rostros lívidos hay un gesto negativo de esa posibilidad. La palabra «rendición» se clava, imperativamente, en la conciencia de los hombres. El cañoneo prosigue, duro, implacable, demoledor, incesante.

Bajo el impacto de los proyectiles de la artillería enemiga, toda la fortaleza se estremece. Vibran los muros, sacudidos por el choque de las balas, y cada bloque de piedra es un estremecimiento que recorre todo el recinto. Las bajas son innumerables. Pasando de un lado a otro, es preciso hacerlo sobre montones de cadáveres. Las brechas son como enormes bocas abiertas al exterior, y por ellas, como rachas endemoniadas, entra a ratos la metralla que esparce la destrucción a todo alrededor. La situación es desesperada. Sobre los muros, entre los grupos que combaten, en el aire mismo, estallan las granadas. Es un fuego bien dirigido y mortífero. Unos cuantos estallidos retumban otra vez en el patio, ya limpio de cadáveres. La metralla que se esparce en un amplio círculo, disuelve las sacos de provisiones que se habían almacenado. Las papas y el arroz quedan inutilizados. La tropa se acaba de quedar sin comida. Una bala enorme, que explota al penetrar por la luceta de una bóveda, derriba un grupo de soldados. La explosión ha estremecido toda la fortaleza, retumbando largamente, como un trueno subterráneo, por el ancho recinto exasperado.

La tropa no ha comido en todo el día. Las gargantas están secas, porque no hay agua –ha sido cortada desde el exterior,– y los ánimos se repliegan en el fondo oscuro de su cansancio absoluto, sin fuerzas ya para levantar los rifles y tirar del gatillo. Desde abajo sigue el fuego, imperturbable y sostenido. La moral empieza a ceder. Unos hombres encuentran una brecha y se lanzan por ella hacia las laderas de la colina. Antes de llegar a la mitad del camino, caen de bruces sobre el césped verdeamarillo. Dentro se hace espantosa la confusión. Muchos corren de un lado para otro buscando un refugio contra el fuego terrible que se ha exacerbado en las baterías enemigas. Todo está destrozado, después de siete horas de combate. Troncos sin cabeza, pedazos de hombres, restos de muebles, yacen en un revoltijo innombrable, donde se enredan los uniformes y los trajes civiles desgarrados y empapados de sangre. Los correajes y los armamentos ciñen o aplastan los restos mutilados, algunos bajo grandes trozos de sillería, de piedras enormes arrancadas a los muros por los proyectiles de mayor calibre.

La fortaleza sigue desmoronándose. Los muros se quiebran por todas partes. A cada disparo del cañón enemigo, caen cuatro, cinco hombres. Ya nadie los mira cuando ésto sucede y los sanitarios han acabado por empuñar los fusiles y batirse también para aligerar su espíritu antes de que llegue la muerte, que se sabe próxima. Casi todos los jefes han caído. Abajo, en los fosos están los militares. Arriba, en el refugio que cada uno ha buscado contra la metralla que bate los muros, los civiles. En algunos sectores del recinto, hay pánico.

Caen a montones los defensores que van perdiendo, poco a poco, su último reducto. En la puerta principal, que cubren gruesas planchas forradas, se atrincheran diez hombres. Se teme un asalto por ese lugar. Las manos se crispan sobre los fusiles. De pronto, salta el hierro hecho añicos. Los hombres suben por el aire como leves muñecos y caen en pedazos sobre la puerta destruida. Una enorme bala de cañón ha entrado por allí. Y llega hasta los muros sólidos, donde su irresistible fuerza de penetración abre un largo túnel a través de la piedra que se pulveriza. Un hombre, bajo la impresión del estruendo terrible, salta hacia afuera y corre por la colina, hacia abajo, con el terror en los ojos desorbitados. Pero cae también. Rueda, abatido por tres proyectiles, y su cuerpo desmadejado se enreda en un arbusto, que lo detiene en la caída. Y rueda con él su fusil, donde enganchaba una pequeña bandera blanca. Un soldado llega a él, para rematarlo. A su grito de rendido, desvía la bayoneta, que se clava en la tierra a dos pulgadas de su cuerpo. Y salva la vida. Un civil, al rato, se lo lleva a hombros, colina abajo, hacia un hospital de sangre.

El fuego de los morteros sigue batiendo los muros. Es terrible su acción destructora. Lejos, sobre una pequeña eminencia desde donde hacen un fuego continuo, se ve a varios hombres saltar por el aire. Son cuatro siluetas que trazan una rara figura geométrica en el fondo claro de la perspectiva. Ha estallado el cañón de esa batería. Otro cañón también se ha inutilizado, y el fuego decae de ese lado. Algunas balas de los morteros se clavan en el suelo sin estallar. Parecen grandes hongos descabezados, o pepinos monstruosos que surgen de la tierra con su color parduzco. Huecos profundos y anchos, producidos por las balas que han estallado, criban el piso del patio. Sobre un camastro yace el cuerpo de un militar, todo destrozado. Dentro de una ambulancia, dos cuerpos más yacen igualmente destrozados. Sobre los muros, doblados sobre sí mismos, otros cuerpos se curvan, rígidos, sorprendidos allí por la muerte. Se sigue disparando.

La defensa de la posición se ha hecho insostenible. Algunos hombres, saltando entre los escombros, sobre los cadáveres, sobre la ruinas, van en busca de banderas blancas. Se ha roto la moral de la tropa. La voz de algún oficial que sobrevive, suena hueca dentro del recinto. Nadie le hace caso y ya se dispara al azar mecánicamente. Se desploman grandes lienzos de pared, alzando enormes nubes de humo y de pólvora, y los escombros llenan la posición. Entre un grupo que delibera, cae una granada y estalla. El pánico abre una brecha en el espíritu de resistencia de los defensores. El comandante no puede contenerlo. Está delante de la tropa, manchado de sangre, pálido. Y ve, de pronto, que la defensa desmaya, se hace inútil. Levanta el brazo y se rompe el cráneo de un tiro.

Desde un trozo de muro se ve, abajo, aproximarse a la tropa de choque. Varias compañías avanzan, desplegadas. Sus ametralladoras tienden una cortina de metralla ante ellas. Un batallón de artillería de costa ha podido trepar hasta muy cerca de los muros, y bloquea con sus disparos una de las salidas de la fortaleza. Una cortina de humo traza un círculo oscuro que rodea la fortaleza. A su amparo escalan las tropas la colina. La artillería de los defensores ha sido silenciada hace rato. La infantería realiza un movimiento envolvente y las ametralladoras de la posición disminuyen el fuego sensiblemente.

Ya dentro no queda nada. Los escasos defensores que aún combaten se apoyan sobre los muros semi-destruidos. El polvo ahoga y seca las gargantas. Y los disparos parten aislados hacia afuera. Los hombres agotan sus últimos cartuchos y sus postreras energías. La victoria se ha hecho imposible en el ánimo de los supervivientes. Los asaltantes prosiguen subiendo. Pocos caen, heridos. Las fuerzas de choque avanzan, detrás de sus cortinas de humo y de hierro. La metralla, ahora, lo barre todo. El cañón sigue demoliendo los muros. Flota al viento, de pronto, una bandera. Pero desciende en seguida. Inútil en estos momentos, la enseña de la Cruz Roja es arriada. Y sube, en su lugar, el blanco pabellón de los rendidos, que sacude la brisa de la tarde.

Cuatrocientos, quinientos hombres, se precipitan sobre los muros. Los grupos impacientes obstruyen las puertas de salida. Los asaltantes corren hacia ellos al grito de «¡Viva la revolución!» enarbolando sus fusiles, que ya no disparan, pero que tienden hacia delante la amenaza de sus bayonetas. Aún se escuchan, lejanos, algunos disparos de cañón. Son las fuerzas que, desde el Oeste, no han visto la bandera blanca. Y tres grandes lienzos blancos flamean entonces hacia todos los rumbos de la fortaleza. Cesa el bombardeo.

Las carreteras que suben hasta el reducto se llenan de soldados. Y toda la colina es, al poco tiempo, un hervidero de manchas amarillas. Un sol laxo ilumina el desastre. Salen los defensores de la fortaleza. Una compañía sitiadora hace fuego y caen cuarenta hombres. Dos secciones del ejército llegan jadeantes ante la fortaleza y penetran en ella. De todas partes brotan, demudados, los defensores agotados. Las banderas blancas siguen tremolando al aire fresco de la tarde. Y salen al exterior, como espectros, los vencidos.

Cientos de hombres se alínean junto a los murallones grises, llenos de agujeros. Las ambulancias llegan y los camilleros extraen de entre los escombros los cuerpos cribados. Los oficiales gritan sus voces de mando y se producen tumultos al hacerse la distribución de prisioneros. Soldados, policías, civiles, con el dolor de la capitulación, bajan luego las rampas y salen hacia la ciudad. Los escoltas apresuran la marcha. Se levanta, a su paso, una larga polvareda. De los hospitales de sangre parten gritos agudos, lamentaciones interminables. La cirugía de urgencia trabaja y luego envía las ambulancias repletas hacia los grandes establecimientos benéficos. Cae la tarde sobre La Habana.

APÉNDICE III

RELACIÓN DE AMIGOS DE JUAN BLAS HERNÁNDEZ

Carlos Manuel de Céspedes, hijo
Cl. Carlos Mendieta Montefur
Gl. Mario García Menocal
Antonio González de Mendoza
Dr. Francisco S. Lequerica
Dr. Manuel Ramírez Sibello
Dr. Eduardo Montero
Dr. José Pérez de Corcho
Dr. Benito Lage
Dr. Francisco Carrillo Ruiz
Dr. Arturo Vilela
Dr. Pablo Hernández
Dr. Manuel Pérez Pérez
Dr. José A. Rodríguez
Dr. Leopoldo Cadena
Dr. Manuel Cepero
Dr. Esteban Rodríguez Herrera
Dr. Francisco Savigne Pavón
Onofre Aloy
José Adolfo Becerra
José Grasso
Emilio Caballero
Pablo Pérez
Manuel Oliva
Manuel Pino
Joseíto Simón
Francisco Negrín García
Manuel Negrín
Bernardo Espinosa
Avelino González
Germán Casares
Genaro Marín
José Campanioni
Francisco Iglesias
Manuel Morales Moragas
Domingo Dones
Rogelio Salabarría

Manuel Delgado
Leopoldo Aguilera
Adolfo Altuve
Eulalio Estévez
Rodolfo León
Manuel Pardo
Juan Cayero
José de la Paz Díaz
Indalecio Borroto
Eliseo García
Fabián Padrón
Claudio de la Paz
Efigenio Valdivia
José Muñiz Vergara
José Sobrino
Manolo González
José Soto Cervantes
Ramón Aguilera Cervantes
Braulio Pozas
Rafael García
Hipólito Martínez
José Ignacio Rivero
José Grau
Ramón Vasallo
Carlos Recio
Manuel Mosquera
Nolasco Oria
Agustín Castañeda
Erasmo Leyva Hernández
Domingo Marín
Juan Bermúdez
Maximiliano Bermúdez
Gerardo Meneses
Eduardo Camacho
Rogelio Hernández
Abraham Cajil Sup
Domingo Álvarez

Santiago García
Daniel González
Camilo Echemendía
Nicolas Brena
Roberto Oquendo
Manuel Salas
Heriberto García
Mario García
José Costiello
Herminio Moreno
Nicolás Mena

Luis Estévez
Julián Valero
Pedro Echemendía Álvarez
Santiago García
Inocente Bonilla
Valentín Menéndez
Ulises Sánchez
Martín Cervantes
Epifanio Sosa
Teófilo Estrada
Evelio León

BIBLIOGRAFÍA

Adam Silva, Ricardo. *La gran mentira. 4 de Septiembre 1933 y sus importantes consecuencias*. Miami: Corripio, 1986.

—. *Cuba. El fin de la República*. Miami: AIP, 1973.

Aguilar León, Luis. *Cuba 1933. Prologue to Revolution*. Ithaca: Cornell U Press, 1973.

Aparicio Laurencio, Ángel. *¿Es historia el libro Hugh Thomas escribió sobre Cuba?* Madrid: Catoblepas, 1985.

Baroni, Aldo. *Cuba, país de poca memoria*. México: Ediciones Botas, 1944.

Bustamante, Inés Segura. *Cuba siglo XX y la generación de 1930*. Miami: Ediciones Universal, 1986

Cárdenas, Ángel G. *Soga y sangre. Una página de horror del Machadato y su acusación pública*. La Habana: Montero, 1945.

Carrillo, Justo. *Cuba 1933: Estudiantes, yanquis y soldados*. Coral Gables: Instituto de Estudios Interamericanos, Universidad de Miami, 1985.

Departamento de Estado, EE.UU. *Foreign Relations*, 1933.

Duarte Oropesa, José. *Historiología cubana*. Miami: Universal, 1974.

Entralgo, Elías José, ed. *Enrique José Varona. Artículos periodísticos*. La Habana: Ministerio de Educación, 1949.

Ferrara, Orestes. *Una mirada sobre tres siglos: Memorias*. Madrid: Playor, 1975.

Gellman, Irwin F. *Roosevelt and Batista. Good Neighbor Diplomacy*. Alburquerque: U of New Mexico Press, 1973.

Hackett, Charles W. «Guerrilla Warfare in Cuba.» *Current History* 28 (julio 1933): 469-71.

—. «American Mediation in Cuba.» *Current History* 28 (septiembre 1933): 724-27.

Illán, José M. *Cuba. Facts and Figures of an Economy in Ruins [Cuba. Datos sobre una economía en ruinas.]* Trad. George A. Wehby. Miami: AIP, 1964.

Lancís, Antonio. *El recurso de alzada ante el Presidente de la República*. La Habana: Editorial Lex, 1944.

— *Grau: Estadista y político (Cincuenta años en la historia de Cuba)*. Miami: Ediciones Universal, 1985.

Lazo, Mario. *Dagger in the Heart. American Policy Failure in Cuba [Daga en el corazón.]* New York: Funk & Wagnalls, 1969.

Le Riverend, Julio. *La República*. La Habana: Ciencias Sociales, 1973.

León, Rubén de. *El origen del mal. (Cuba, un ejemplo)*. Miami, 1964.

Lumen, Enrique. *La revolución cubana (1902-1934)*. México: Ediciones Botas, 1934.

Llano Montes, Antonio. «Blas Hernández. Un incansable paladín de las libertades cubanas.» *Carteles* 40.47 (1959): 52-53, 71-72.

Machado y Morales, Gerardo. *Ocho años de lucha. Memorias*. Miami: Ediciones Históricas Cubanas, 1982.

Meluzá Otero, Francisco. «Juan Blas Hernández.» *Bohemia* (1948): 36-38, 96-99.

Phillips, Ruby Hart. *Cuban Sideshow*. La Habana: Cuban Press, 1935.

— *Cuba, Island of Paradox*. New York: McDowell, Obolensky, 1959.

Peraza, Carlos G. *Machado. Crímenes y horrores de un régimen.* La Habana: Cultural, 1933.

Pérez Rojas, Niurka. *El movimiento estudiantil universitario de 1934 a 1940.* La Habana: Ciencias Sociales, 1975.

Portell Vilá, Herminio. *Nueva historia de la República de Cuba.* Miami: La Moderna Poesía, 1986.

Quesada y Miranda, Gonzalo de. *¡En Cuba libre! Historia documentada y anecdótica del Machadato.* La Habana: Seoane, Fernández y Cía., 1938.

Riverter Delmas, Emilio. *Cuba española.* Barcelona: A. Martín, 1896-1899.

Roa, Raúl. *La revolución del 30 se fue a bolina.* La Habana: Ciencias Sociales, 1973.

Soto, Lionel. *La Revolución del 33.* La Habana: Ciencias Sociales, 1979.

Santovenia, Emeterio, y Raúl M. Shelton. *Cuba y su historia.* Miami: Rema Press, 1965-1970.

Suchlicki, Jaime. *Cuba: From Columbus to Castro.* New York: Scribner, 1974.

Thomas, Hugh. *Cuba. The Pursuit of Freedom.* New York: Harper & Row, 1971. *Cuba. La lucha por la libertad.* Barcelona: Grijalbo, 1982.

Vasconcelos, Ramón. *Dos años bajo el terror: Revolución y desintegración.* La Habana: Cultural, 1935.

Varona, Enrique José. *Contra la prórroga de poderes y la reelección presidencial. Documentos y antecedentes.* La Habana: Avisador Comercial, 1927.